한치호 목사 묵상기도 • 이영란 집사 캘리

지금은 신부단장
읽는기도 70일

문서사역
|종|려|가|지|

지금은 신부 단장 읽는기도 70일

차 례

1. 계 19:7하, 어린 양의 혼인 기약 / 4
2. 렘 31:32하, 그들의 남편이 되었어도 / 6
3. 호 2:16, 나를 내 남편이라 일컫고 / 8
4. 마 9:15상, 혼인집 손님들이 신랑과 함께 / 10
5. 마 22:30, 하늘에 있는 천사들과 / 12
6. 마 25:6, 밤중에 소리가 나되 / 14
7. 고후 11:2하, 너희를 정결한 처녀로 / 16
8. 계 21:9하, 어린 양의 아내를 네게 / 18
9. 신 11:12, 네 하나님 여호와의 눈이 / 20
10. 신 26:19하, 찬송과 명예와 영광을 / 22
11. 에 2:13하, 정결하게 하는 기한을 / 24
12. 사 61:10하, 공의의 겉옷을 내게 / 26
13. 마 24:44, 생각하지 않은 때에 / 28
14. 갈 2:20하, 믿음 안에서 사는 것 / 30
15. 골 2:7, 믿음에 굳게 서서 / 32
16. 딤전 2:10, 하나님을 경외한다 하는 / 34
17. 히 4:16, 은혜의 보좌 앞에 담대히 / 36
18. 계 16:15하, 부끄러움을 보이지 아니하는 / 38
19. 대하 19:9, 너희는 진실과 성심을 다하여 / 40
20. 욥 42:6, 스스로 거두어들이고 / 42
21. 시 25:4, 주의 도를, 주의 길을 / 44
22. 시 37:4, 네 마음의 소원을 네게 / 46
23. 욜 2:12, 금식하고 울며 애통하고 / 48
24. 행 8:22, 사하여 주시리라 / 50

25. 살전 3:13하, 강림하실 때에 / 52
26. 히 2:1, 흘러 떠내려가지 않도록 / 54
27. 약 5:7상, 주께서 강림하시기까지 / 56
28. 시 45:15, 인도함을 받고 왕궁에 / 58
29. 시 86:11, 주의 도를 내게 / 60
30. 마 6:10, 땅에서도 이루어지이다 / 62
31. 마 21:31, 누가 아버지의 뜻대로 / 64
32. 벧전 1:5, 예비하신 구원을 얻기 위하여 / 66
33. 벧후 1:10, 너희가 이것을 행한즉 언제든지 / 68
34. 요일 3:1상, 하나님의 자녀라 일컬음을 / 70
35. 출 1:21, 하나님을 경외하였으므로 / 72
36. 신 6:24중, 항상 복을 누리게 하기 / 74
37. 시 119:2, 전심으로 여호와를 구하는 / 76
38. 시 119:124, 내게 주의 율례들을 / 78
39. 시 143:10상, 나를 가르쳐 주의 뜻을 / 80
40. 잠 19:16, 자기의 영혼을 지키거니와 / 82
41. 눅 12:47, 주인의 뜻을 알고도 / 84
42. 요 9:4, 우리가 하여야 하리라 / 86
43. 요 10:28, 그들에게 영생을 주노니 / 88
44. 롬 2:18, 하나님의 뜻을 알고 / 90
45. 롬 13:14, 정욕을 위하여 육신의 일을 / 92
46. 출 2:9, 이 아기를 데려다가 / 94
47. 삼하 22:24, 그의 앞에 완전하여 / 96
48. 대하 7:14상, 악한 길에서 떠나 / 98

49. 대하 30:8하, 그의 진노가 떠나게 하라 / 100
50. 시 78:15, 흡족하게 마시게 하셨으며 / 102
51. 시 90:14, 우리를 만족하게 하사 / 104
52. 잠 21:29, 자기의 행위를 삼가 / 106
53. 사 26:4, 여호와를 영원히 신뢰하라 / 108
54. 렘 4:4상, 스스로 할례를 행하여 / 110
55. 렘 7:3하, 내가 너희로 이 곳에 살게 / 112
56. 렘 33:14, 선한 말을 성취할 날이 / 114
57. 마 7:21, 내 아버지의 뜻대로 행하는 / 116
58. 신 6:18, 정직하고 선량한 일을 / 118
59. 수 10:19상, 너희 대적의 뒤를 따라가 / 120
60. 벧전 5:8, 너희 대적 마귀가 / 122
61. 마 24:36, 그 날과 그 때는 / 124
62. 막 13:26, 큰 권능과 영광으로 / 126
63. 행 1:11상, 가심을 본 그대로 / 128
64. 살전 2:19, 그가 강림하실 때 / 130
65. 히 10:37, 오실 이가 오시리니 / 132
66. 약 5:8, 주의 강림이 가까우니라 / 134
67. 계 22:20, 내가 진실로 속히 오리라 / 136
68. 계 19:7, 어린 양의 혼인 기약이 / 138
69. 계 21:2하, 신부가 남편을 위하여 / 140
70. 사 54:5상, 너를 지으신 이가 / 142

♥

계 19:7하

어린 양의

혼인 기약이

이르렀고

그의 아내가

자신을

준비하였으므로.

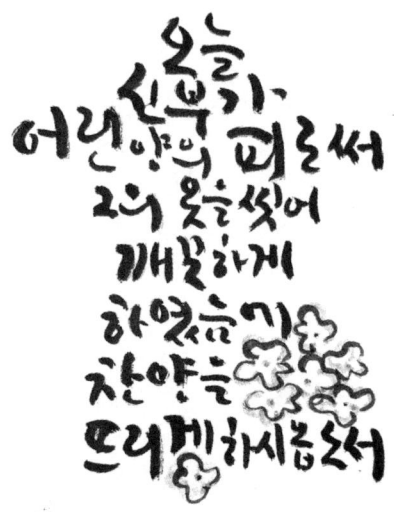

Calligraphy design by Butnori

1. 어린 양의 혼인 기약

하나님 아버지,
예루살렘 교회 당시에, 유대인 음녀들은 남자를 유혹하느라 음탕하고, 저질적으로 화려한 옷을 입었다고 여깁니다. 그런데 혼인잔치에 참여한 신부는 빛나고 깨끗한 세마포를 입었다고 하였습니다.
바울이 교회와 주님의 관계를 아내와 남편, 곧 혼인관계로 표현했음을 기억합니다. 신부의 복장을 가리켜, 성도의 옳은 행실로 단장하였다고 하며, 신랑이신 주님은 의의 옷을 입혀 주신 줄로 믿습니다.
오늘, 신부가 어린양의 피로써 그의 옷을 씻어 깨끗하게 하였음에 찬양을 드리게 하시옵소서. 그녀(성도)는 자신의 공로로 신부단장을 한 것이 아니라 주님의 선물과 은혜로 거저 받았음을 깨닫게 하시옵소서. 하나님께서 어린양과 혼인잔치를 하게 하신 줄로 확신합니다.
이에, 주님의 의로 입혀주신 옷을 입고 지내게 하시옵소서. 자기 백성을 용서하시고, 양자로 지내게 하신 은혜에 감격하게 하시옵소서. 죄를 씻김 받아서 입은 세마포를 깨끗하게 간직하게 하시옵소서.
이제 잠깐 후면 혼인잔치에 들어가는 날을 바라보고, 자신을 지켜 정결하게 하시옵소서. 음탕한 여인들처럼 지내지 않게 하시옵소서.
예수님의 이름으로 기도드립니다. 아멘.

♥

렘 31:32하

내가

그들의 남편이

되었어도

그들이 내 언약을

깨뜨렸음이라

여호와의 말씀이니라.

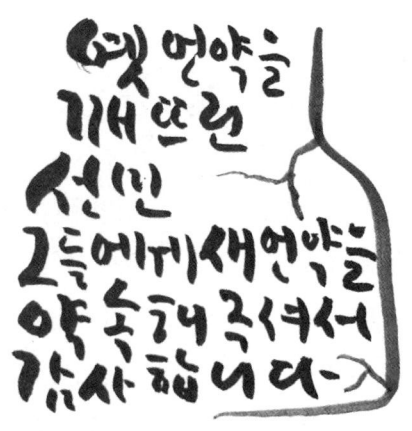

Calligraphy design by Butnori

2. 그들의 남편이 되었어도

하나님 아버지,

선민에게 남편이라고 말씀을 하시면서 그들이 언약의 관계에 있음을 천명하신 줄로 믿습니다. 이스라엘 집과 유다 집에 새 언약을 세우리라고 하셨는데, 메시야의 시대를 가리키는 약속이라고 깨닫습니다. 옛 언약을 깨뜨린 선민, 그들에게 새 언약을 약속해 주셔서 감사합니다. 그 언약은 옛 언약에 대한 갱신이었지만, 이방인들이 약속 안으로 들어오는 것이었음에 감격스럽습니다.

오늘, 언약 아래에서 선민에게 신랑이시라고 선포하셨음을 기억합니다. 새 언약으로 말미암아 주님께서는 이방인에게도 신랑이 되어주셨음을 믿게 하시니, 감격스럽습니다. 이방인이 복음으로 말미암아 약속에 참여하게 되었음을 확신하게 하시옵소서.

선민은 광야에서 언약을 깨뜨렸지만 저는 그리하지 않게 하시옵소서. 새 언약 안에서 주님의 후사가 되었고, 주님과 함께 지체가 되었음에 감격으로 지내게 하시옵소서. 저에게는 주님뿐이십니다!

신랑이 되신 주님을 바라보고, 장차 신부로서 주님께 안길 것을 기다리게 하시옵소서. 신랑 앞에서 신부의 정절을 지키게 하시옵소서.

예수님의 이름으로 기도드립니다. 아멘.

호 2:16

여호와께서 이르시되
그 날에 네가 나를
내 남편이라 일컫고
다시는 내 바알이라
일컫지 아니하리라.

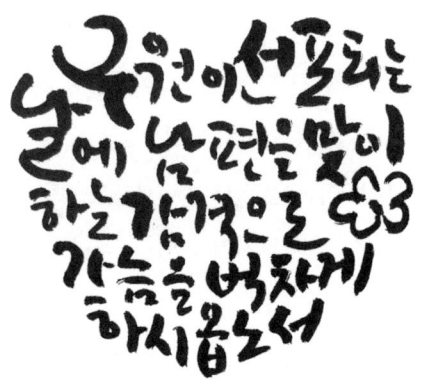

Calligraphy design by Butnori

3. 나를 내 남편이라 일컫고

하나님 아버지,
선민은 구원이 선포되는 날에, 하나님을 남편이라 부르고, 바알이라 부르지 않는다고 하시니 감격스럽습니다. 그날이 오면, 하나님께서는 선민에게 바알이라는 이름을 부르지 못하게 하신다고 하셨습니다.
- 바알 : 선민이 종과 주인의 관계에 있음을 의미한다고 여깁니다.
- 남편 : 선민이 사랑과 언약의 관계에 있음을 의미한다고 깨닫습니다.
오늘, 하나님을 남편이라 여기게 하셨음을 확신하게 하시옵소서. 하나님은 소유관계의 주인이 아니고, 사랑하는 남편의 관계를 누리게 하셨음을 확신하게 하시옵소서. 이에, 선민이 남편이 되신 하나님을 불렀다면 신약의 성도는 주님을 신랑이라 부르게 하시옵소서.
주님께서 세상에 다시 오시는 날에 주님을 신랑으로 맞이하게 하시옵소서. 신랑에게 드릴 최고의 노래를 부르게 하시옵소서. 사모하던 주님의 이름을 부르고 경배하게 하시옵소서.
구원이 선포되는 날에, 남편을 맞이하는 감격으로 가슴을 벅차게 하시옵소서. 신랑을 위하여 불러 드릴 노래에 감격하게 하시옵소서. 그 누구에게도 들려 준 적이 없는 노래를 부르게 하시옵소서.
예수님의 이름으로 기도드립니다. 아멘.

♥

마 9:15상

예수께서

그들에게 이르시되

혼인집 손님들이

신랑과 함께 있을 동안에

슬퍼할 수 있느냐.

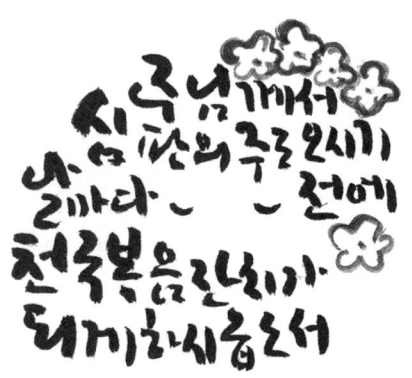

Calligraphy design by Butnori

4. 혼인집 손님들이 신랑과 함께

하나님 아버지,
주님께서는 자기를 가리켜 신랑이라 하셨고, 제자들에게는 혼인 집에 참여한 손님들에 비유하신 줄로 믿습니다. 결혼을 축하하려고 손님으로 온 이들이 신랑과 함께 있으니, 기뻐할 것은 당연하였지요.
주님께서는 지금은 기뻐할 때라고 알려 주신 줄로 깨닫습니다. 그들이 주님을 모시고 있는 지금은 기뻐할 때인 줄로 믿습니다. 그러나 주님께서 십자가에 달려 죽으실 때는 금식하라고 하셨지요.
오늘, 신랑이신 주님을 모시고 살아가게 하시옵소서. 신랑과 신부의 결합, 그것은 혼인 자체로 기쁨이라고 여깁니다. 이 예식을 축하하려고 모여든 사람들에게도 축제라고 여길 때, 주님을 즐거워하게 하시옵소서. 찬송을 드려 주님을 영화롭게 해드리게 하시옵소서.
지금은 결혼 잔치가 열리고 있는 시기라고 깨닫습니다. 주님께서 심판의 주로 오시기 전에, 날마다 천국복음 잔치가 되게 하시옵소서. 이 잔치에서 주님을 구주로 믿어, 신랑으로 경험하게 하시옵소서.
신부가 사모해야 될 것은 신랑의 음성이라고 깨닫습니다. 이에, 한 마디라도 더 진리의 말씀을 사모하게 하시옵소서.
예수님의 이름으로 기도드립니다. 아멘.

♥

마 22:30

부활 때에는

장가도 아니 가고

시집도 아니 가고

하늘에 있는 천사들과

같으니라.

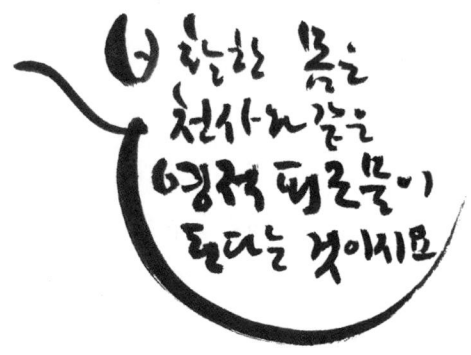

Calligraphy design by Butnori

5. 하늘에 있는 천사들과

하나님 아버지,
'부활 때에는.' 부활한 몸은 지금 우리가 대하는 몸이 아니므로 결혼을 하지 않는다고 하신 줄로 믿습니다. 육체의 몸은 결혼으로 한 몸을 경험하며, 육체로 지어진 삶을 살아간다고 깨닫습니다.
부활한 몸에 대한 주님의 말씀에 감격스러워 합니다. 부활한 몸은 천사와 같은 영적인 피조물이 된다는 것이지요. 천사를 지으신 하나님께서 사람이 부활하면 그렇게 지으시는 줄로 확신합니다.
오늘, 제가 부활한 몸을 갖게 되었을 때, 하나님 앞에서 영화로운 몸이 될 것이라는 확신에 감격하게 하시옵소서. 천사를 하나, 하나를 지으셨을 때처럼 성도는 그렇게 지어질 것이니 감격스럽습니다.
"만일 우리가 그의 죽으심을 본받아 연합한 자가 되었으면 또한 그의 부활을 본받아 연합한 자가 되리라."(롬 6:5) 부활하면, 주님을 믿음과 동시에, 주님과 연합하게 된다는 확신을 갖게 하시옵소서.
주님과의 연합에 믿음의 방점을 찍게 하시옵소서. 부활하신 주님께서 세상에 다시 오시는 날에, 우리를 부활시켜 주실 때, 연합의 신비에 감격하게 하시옵소서. 영생의 몸으로 찬양을 드리게 하시옵소서.
예수님의 이름으로 기도드립니다. 아멘.

♥

마 25:6

밤중에

소리가 나되

보라 신랑이로다

맞으러 나오라

하매.

Calligraphy design by Butnori

6. 밤중에 소리가 나되

하나님 아버지,
신랑을 기다리던 처녀들이 잠에 떨어진 것으로 여겨지는 한밤중에 신랑을 맞으라는 소리가 들렸음에 감사합니다. 신랑이 온다는 소리는 한 밤중에 들렸다고 하였습니다.
신랑이 온다는 밤중의 소리는 신부에게 신랑을 기다림에 민감해야만 한다는 것을 깨닫게 합니다. 시간이 더딜지라도 다른 것에 한눈을 팔지 않고, 오직 신랑을 기다림에 주목해야 한다는 것을 배웁니다.
신랑이 온다고 했는데, 조금 더디다 하여 다른 것들에 마음을 쓰지 않게 하시옵소서. 신랑이 오기로 한 날, 이제나저제나 하면서 신랑을 기다리는 신부의 심정으로 오늘을 지내게 하시옵소서.
밤중 소리를 놓쳐서 신랑을 맞이하지 못한다면 얼마나 안타깝겠습니까? 신랑을 기다리느라 수십 년의 시간이었어도 맞이하지 못한다면 무엇이겠습니까? 신랑이 오려면 그를 인도해주는 자들의 발소리가 있을 것입니다. 깨어 발소리를 듣게 하시옵소서,
지금, 저의 삶이 신랑을 기다리는 신부이기를 원합니다. 밤중 소리의 외침에 귀를 여는 것처럼 다시 오실 주님을 맞아들이게 하시옵소서. 오늘을 살아감이 주님을 기다림이 되게 하시옵소서.
예수님의 이름으로 기도드립니다. 아멘.

♥

고후 11:2하

내가 너희를

정결한 처녀로

한 남편인

그리스도께 드리려고

중매함이로다

그러나 나는.

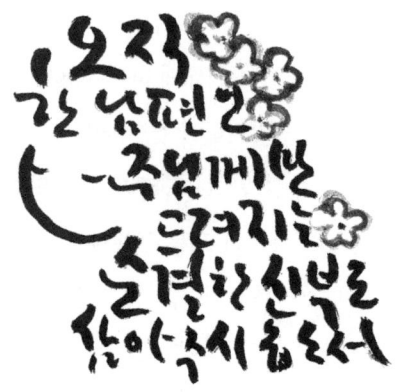

Calligraphy design by Butnori

7. 너희를 정결한 처녀로

하나님 아버지,
구약에서 보여 지는 하나님과 선민의 관계를 바울은 혼인관계로 대비하면서 고린도교회와 주님의 관계를 혼인으로 비유하고 있음에 감격스럽습니다. 열심으로 자기의 뜻을 이루는 하나님을 발견합니다. 바울은 하나님의 열심으로 섬겼다고 깨닫습니다. 바울에게 자신의 수고를 중매하는 일로 표현하도록 하신 하나님이십니다. 신랑은 주님이시며 신부는 그의 성도들이라고 확인합니다.
오늘, 주님 앞에서 자기를 지켜 거룩한 교회가 되게 하시옵소서. 주님과 교회의 관계가 복되기 위해서 신령한 결혼에 이르도록 신부된 성도를 정결하게 하시옵소서. 오직 한 남편인 주님께만 드려지는 순결한 신부로 삼아주시옵소서.
바울을 사용하여 고린도교회를 정결한 신부로 준비시키셨듯이, 지금은 성령님께서 저희를 정결한 신부로 준비시킨다고 깨닫습니다. 성령님이 우리를 주님께 중매하셨다는 사실, 감격하게 하시옵소서.
순결한 처녀인 고린도 성도가 오직 한 남편인 주님께 약혼시키신 것 것처럼, 주님께 정혼한 신부가 되어 지내게 하시옵소서.
예수님의 이름으로 기도드립니다. 아멘.

♥

계 21:9하

일곱 재앙을 담은

일곱 천사 중 하나가

나아와서 …

이리 오라 내가 신부 곧

어린 양의 아내를

네게 보이리라 하고.

Calligraphy design by Buthori

8. 어린 양의 아내를 네게

하나님 아버지,
"일곱 천사 중 하나가." 세상에 종말이 오게 되는 시간에, 거룩한 천사들이 하나님께 쓰여 져서 사명을 수행하고 있음을 깨닫습니다. 그들은 깨어 있지 못한 세상에 경고를 주기도 했다고 믿습니다.
천사가 요한에게 보인 것은 어린양의 아내 곧 신부였던 줄로 깨닫습니다. 신부는 영광스럽고 완전하게 승리한 교회를 가리킨다고 여깁니다. 교회는 남편이 마련해 준 치장으로 단장한 신부와 같았지요.
오늘, 저의 모습은 주님께서 준비해 주신 치장으로 꾸며진 신부가 되기를 원합니다. 신랑이신 주님께서 주신 영광을 입고, 주님의 형상에 의해서 완전해지고, 주님의 은총을 입어 빛나게 하시옵소서.
요한이 감탄하였던 예루살렘 성을 저의 모습으로 사모하게 하시옵소서. 천국에 있는 것들은 모든 악과 대적으로부터 그들을 분리하고 보호하는 성곽으로 감싸여 있었던 것처럼 죄와 세상을 이긴 승리자로 주님 앞에서 서게 하시옵소서. 죄악에 오염되지 않게 하시옵소서.
하나님의 영광이 있는 교회, 저에게도 하나님의 영광이 넘치기를 원합니다. 신랑에게 부끄럽지 않도록 영광으로 덧입게 하시옵소서.
예수님의 이름으로 기도드립니다. 아멘.

♥

신 11:12

네 하나님 여호와께서
돌보아 주시는 땅이라
연초부터 연말까지
네 하나님 여호와의 눈이
항상 그 위에 있느니라.

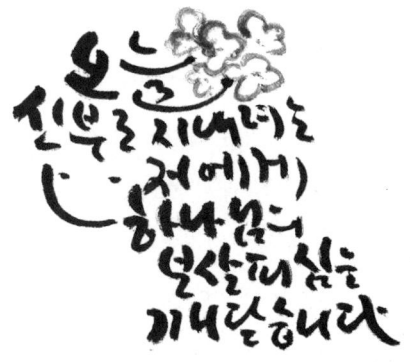

Calligraphy design by Butnori

9. 네 하나님 여호와의 눈이

하나님 아버지,
"네 하나님 여호와께서 돌보아 주시는 땅이라."고 하셨습니다. 하나님께서 돌보아주신다 하셨으니, 자기 백성을 보호해 주심을 봅니다. 여호와의 눈이 항상 그 위에, 곧 하나님의 자비하심을 확신합니다.
오늘, 신부로 지내려는 저에게 하나님의 보살피심을 깨닫습니다. 제가 놓치고 있는 저의 모습까지도 살피셔서 보호해 주시는 그 은총에 감격합니다. 여호와의 눈이 저에게 고정되어 있으시다니요!
"연초부터 연말까지"라고 하셨으니,
- 신부로서 조금의 부족함이 없도록 살펴 주시는 하나님이십니다.
- 하나님을 영화롭게 해드리도록 하시는 하나님이십니다.
저에 대한 하나님의 자비하심을 깨달으면서, 하나님의 눈을 누리게 하심이라고 묵상합니다. 인생 중에 누가 하나님의 눈을 갖겠습니까? 저에게 고정시키신 하나님의 눈을 소유함에 감사하면서 오늘을 지내게 하시옵소서. 그 은혜에 저의 삶을 드려서 지내기를 원합니다.
제가 민감하지 못하여 의식하지 못할지라도 여호와의 눈을 생각하게 하시옵소서. 그 눈이 늘 저를 향하고 있음을 확신하게 하시옵소서.
예수님의 이름으로 기도드립니다. 아멘

♥

신 26:19하

모든 민족 위에

뛰어나게 하사

찬송과 명예와 영광을

삼으시고 … 너를

네 하나님 여호와의 성민이

되게 하시리라.

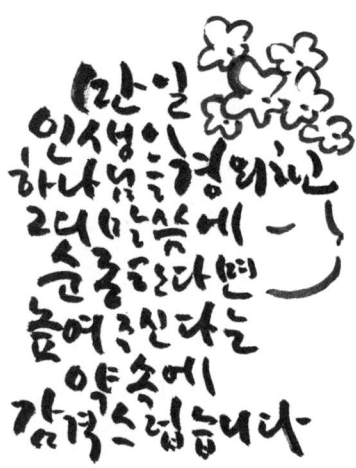

Calligraphy design by Butnori

10. 찬송과 명예와 영광을

하나님 아버지,

'찬송과 명예와 영광을.' 하나님의 성품에 합당하여 오직 하나님께 표현되는 용어를 누리게 하시니 감사합니다. 찬송-찬미, 명예-높으신 지위, 영광-아름다움을 선민에게 누리게 하신 줄로 믿습니다.

만일, 인생이 하나님을 경외하고, 그의 말씀에 순종한다면 높여주신다는 약속에 감격스럽습니다. 순종하는 선민에게 어떤 나라보다 위대하게 만들어 주시고, 여호와의 성민이 되게 하셨다고 여깁니다.

오늘, 저를 주님께 신부가 되어 구별된 자로 삼으시려는 하나님의 자비에 감격하게 하시옵소서. 사람들의 눈에는 모두가 같아보여도 제가 신랑에게 드려진 신부임을 확신하게 하시옵소서.

이제, 제가 할 것은 무엇입니까? 하나님을 사랑함이라고 깨닫습니다. 오직 제 마음을 신랑(주님)에게 바쳐서 지내는 것이라고 결단합니다.

주님 앞에서 신부가 되어 지내는 동안에 저의 생각과 마음에 세상이 들어오려 해도 성령님께서 막아주시옵소서. 저의 심령은 하나님께로 정하였으니, 신랑이 귀하게 여겨주시는 신부로 지내게 하시옵소서.

신랑에게 속하였음에 감사하면서 자신을 구별하게 하시옵소서.

예수님의 이름으로 기도드립니다. 아멘.

♥

에 2:13하

여섯 달은

몰약 기름을 쓰고

여섯 달은

향품과 여자에게 쓰는

다른 물품을 써서

몸을 정결하게 하는 기한을 마치며.

Calligraphy design by Butnori

11. 정결하게 하는 기한을

하나님 아버지,
'기한을 마치며.' 왕후로 간택을 받으려고 몰약 기름을 쓰고, 향품으로 몸을 정결하게 하였던 처녀들, 1년을 기다려 왕에게로 나가는 그들로부터 신랑 주님을 기다리는 신부의 모습을 깨닫습니다.
인도로부터 구스까지 전국에서 수산으로 모여든 처녀들에게는 오직 한 소망이 있었다고 여깁니다. 그것은 왕후로 간택을 받는 것이었지요. 신랑을 사모하는 신부로서의 저의 모습이어야 함을 깨닫습니다.
오늘, 저에게 수산에 모여든 처녀들의 심정을 주시옵소서. 그녀들이 오직 왕의 간택을 사모했던 것처럼 신랑을 위하여 신부로 자신을 준비하게 하시옵소서. 혼인 기약을 기다려 부끄러움이 없게 하시옵소서.
간택을 위하여 자신을 준비하는 처녀들은 신랑 주님과의 혼인 기약을 기다리는 신부 성도의 모습을 상징해 주기에 만족하다고 여깁니다.
- 그녀들이 여섯 달은 몰약 기름을 썼는데 저는 어찌해야 합니까?
- 그녀들이 여섯 달은 향품과 여자에게 쓰는 다른 물품을 썼다면 저에게도 그리하게 하시옵소서.
오직, 주님을 기다림으로 신부의 시간을 정결하게 하시옵소서.
예수님의 이름으로 기도드립니다. 아멘.

♥

사 61:10하

공의의 겉옷을

내게 더하심이

신랑이 사모를 쓰며

신부가 자기 보석으로

단장함 같게

하셨음이라.

Calligraphy design by Butnori

12. 공의의 겉옷을 내게

하나님 아버지,
'공의의 겉옷을.' 신부에게 단장하도록 은혜를 베풀어 주심, 그 은총에 감사합니다. 신부의 단장은 자신이 한 것이 아니라 하나님께서 공의의 겉옷을 입혀 주심인 줄로 믿습니다.
사도는 찬송하기를, "세례를 받은 자는 그리스도로 옷 입었느니라."(갈 3:27)라고 하였지요. 주님을 신랑으로 사모하는 교회에, 구원의 옷, 의의 겉옷을 입혀 주셨음에 찬양과 영광을 드립니다.
오늘, 저에게 "오직 주 예수 그리스도로 옷"을 입혀 주신 주님을 찬양하게 하시옵소서. 전에, 저는 어떻게 살았습니까? "정욕을 위하여 육신의 일을 도모"하던 자였습니다. 그러하였는데 주님의 보혈로 죄를 씻음 받고, 의와 찬송을 열방 앞에 보이게 하신 줄로 확신합니다.
저에게 입혀주신 공의의 겉옷, 그 옷은 신부에게 마땅한데, 감격스러워 하면서 구원을 받은 은총을 증거 하게 하시옵소서.
공의로 저를 단장하여 신랑에게 드릴 신부로 전혀 부끄러움이 없게 하시옵소서. 신랑에게 기쁨이 되는 신부로 준비되게 하시옵소서. 의롭다 하심을 얻은 신부로서 신랑 예수에게 거룩하게 하시옵소서.
예수님의 이름으로 기도드립니다. 아멘.

♥

마 24:44

이러므로

너희도

준비하고 있으라

생각하지 않은 때에

인자가 오리라.

Calligraphy design by Butnori

13. 생각하지 않은 때에

하나님 아버지,

'준비하고 있으라.' 다시 오실 주님 앞에서 신부에게 놓치면 안 될 것이 있음을 깨닫습니다. 신랑을 맞이하기 위하여 준비하고 있으라는 것이지요. 신부가 예측하지 못한 시각에 신랑이 오기 때문이지요.

신랑을 맞이할 준비는 깨어 있음인 줄로 믿습니다. 깨어 있음은 경건과 의와 사랑으로 자신을 단장하는 것이라 여깁니다. 신랑을 기다린다면 그 기다림에 일치되게 지내야 하는 줄로 믿습니다.

오늘, 과연 저는 주님(신랑)을 기다리며 그에게 정혼한 신부로서 혼인 기약의 시간을 사모하고 있는지요? 신랑 앞에서 신부로서의 단장을 하는 삶을 생각하게 하시옵소서. "준비하고 있으라." 곧, 의롭고, 거룩함으로 자기를 단장하게 하시옵소서.

신랑을 기다리는 마음을 자기를 지켜 믿음에 이름에 표준을 두게 하시옵소서. 행함이 없는 믿음은 죽은 것이라고 하셨습니다. 만일, 제가 죽어 있다면 신랑을 기다림이 무슨 의미가 있겠습니까?

혼인 기약의 시각에 신랑이 왔을지라도 죽은 저를 쳐다보기라도 하겠습니까? 신랑을 기다리는 행실의 삶으로 지내게 하시옵소서.

예수님의 이름으로 기도드립니다. 아멘.

♥

갈 2:20하

나를 사랑하사

나를 위하여

자기 자신을 버리신

하나님의 아들을 믿는

믿음 안에서

사는 것이라.

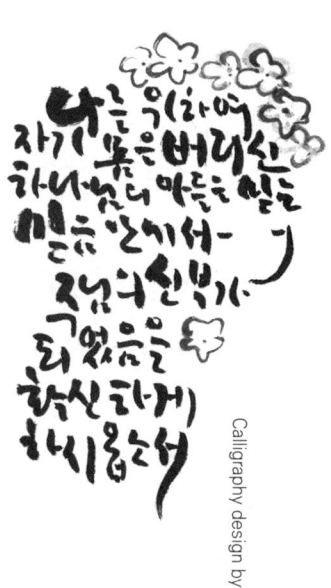

Calligraphy design by Butnori

14. 믿음 안에서 사는 것

하나님 아버지,
'하나님의 아들을 믿는.' 율법 아래에 속해 있던 인생에게 주님을 믿는 믿음으로 살려 주시니 감사합니다. 죄인을 구속하시느라 자기의 몸을 십자가에 내어주신 주님을 믿음으로 사는 줄로 확신합니다.
옛 사람 나는 이미 죽었고, 주님의 대속으로 예수님을 구주로 믿어 신부가 된 신분으로 살게 하시니 감격스럽습니다. 이로써 마치 주님이 자신 안에서 살아가시는 경험을 하게 하심이라고 깨닫습니다.
오늘, 주님 안에서 살아가고 있음을 고백하게 하시옵소서. 제가 주님 앞에서 신부라는 자격을 가짐도 주님께서 죗값을 치러 주셨기 때문이라고 확신합니다. 대속의 은혜로 주님 앞에서 신부가 되는 길이 열린 것이지요. 그러니까 주님께서 신부로 삼아주신 줄로 믿습니다.
나를 위하여 자기 몸을 버리신 하나님의 아들을 믿는 믿음 안에서 주님의 신부가 되었음을 확신하게 하시옵소서.
제가 신부라는 것을 떠올릴 때마다 주님께서 보혈을 흘려주셨음을 기억하게 하시옵소서. 저를 신부로 삼으시려고 자기를 버리신 주님! 주님이 신랑이 되어주심은 저를 사랑하심이라 감격하게 하시옵소서.
예수님의 이름으로 기도드립니다. 아멘.

♥

골 2:7

그 안에 뿌리를 박으며

세움을 받아

교훈을 받은 대로

믿음에 굳게 서서

감사함을 넘치게 하라.

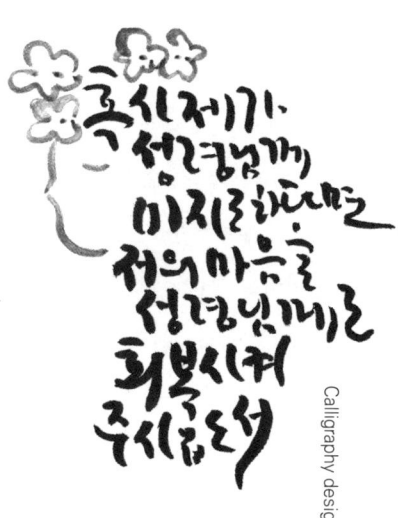

Calligraphy design by Butnori

15. 믿음에 굳게 서서

하나님 아버지,
예수님께 관심이 없던 사람도 예수님이 구주이시라는 것을 깨닫고, 주님으로 영접하면 하나님의 자녀가 된다고 깨닫습니다. 그래서 그는 자신에게 붙여진 '성도'라고 불리는 것을 특별한 이름처럼 받아들이는 줄로 믿습니다. 주님께 신부가 되어 지내게 하셨습니다.
그때부터 주님과 함께 하거나 주님과의 동행을 좋아하며, 그 마음을 주시는 성령님의 강권하심을 즐거워한다고 생각합니다. 성령님께서 감화하시는 역사로 주님의 말씀에 순종하며 그렇게 지내기를 기뻐하지요. 성령님과 더불어 지냄을 즐거워하지요.
그런데 만일, 성령님과의 동행을 사모하지 않으면 성령님의 강권에 관심이 없어진다는 것을 깨닫기를 원합니다. 성령님을 알기는 하지만 성령님께 관심이 없이 지내고 말게 될 겁니다.
혹시 제가 성령님께 미지근하다면 저의 마음을 성령님께로 회복시켜 주시옵소서. 그리하여 성령님께서 힘을 주신다는 것을 새롭게 느끼기를 원합니다. 성령님께 가까이 하고, 만일, 어려운 순간에 놓여도 성령님의 이끌어 주심을 기대하게 하시옵소서. 신랑 예수를 사모하며, 저를 혼자 있도록 하지 않으시니 감사함을 넘치게 하시옵소서.
예수님의 이름으로 기도드립니다. 아멘.

♥

딤전 2:10

오직 선행으로
하기를 원하노라
이것이 하나님을
경외한다 하는 자들에게
마땅한 것이니라.

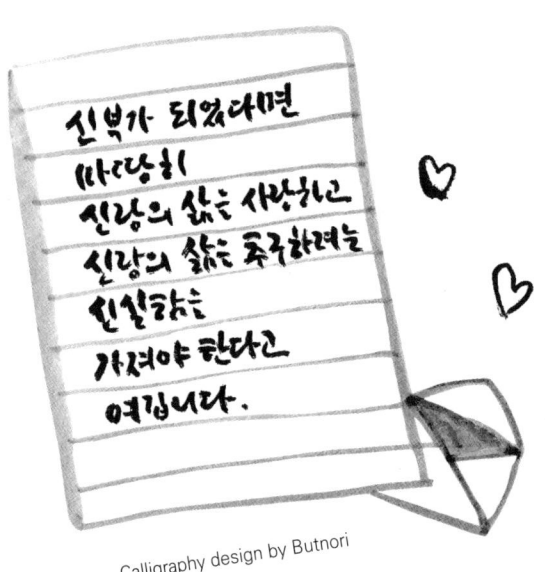

Calligraphy design by Butnori

16. 하나님을 경외한다 하는

하나님 아버지,
'오직 선행으로.' 신부가 자신을 드러내는 향기(열매)는 신랑이라는 것을 깨닫게 하시니 감사합니다. 교회는 이웃을 향한 선한 행실에 의해서 세상의 다른 기관들과 다르다는 것을 증거하는 줄로 믿습니다.
교회의 선행은 성도에게 마땅하다고 정의하신 것을 기억합니다. 신부가 되었다면 마땅히 신랑을 사랑하고, 신랑의 삶을 추구하려는 신실함을 가져야 된다고 여깁니다. 신부로서의 마땅함을 생각합니다.
오늘, 저에게 과연 마땅함이 갖추어져 있는지를 돌아보게 하시옵소서. 하나님 앞에서 부끄러움이 없는지를 확인하게 하시옵소서. 저의 행실에서 제가 주님의 신부로 준비되어감이 증거 되게 하시옵소서.
- 주님께 속한 사람이라는 것을 드러내게 하시옵소서.
- 세상에 속한 사람이 아니라는 것을 드러내게 하시옵소서.
혼인 기약이 가까워지고 있으니, 더욱 자신에게 주의하게 하시옵소서. 주님께서 사랑하시는 신부가 됨에 부족하지 않도록 자신을 준비하게 하시옵소서. 주님께서 보여주셨던 삶을 배우게 하시옵소서. 신랑 주님을 사모하고, 오직 선행으로 주님의 사람을 원하게 하시옵소서.
예수님의 이름으로 기도드립니다. 아멘.

♥

히 4:16

그러므로 우리는

긍휼하심을 받고

때를 따라 돕는 은혜를

얻기 위하여

은혜의 보좌 앞에

담대히 나아갈 것이니라.

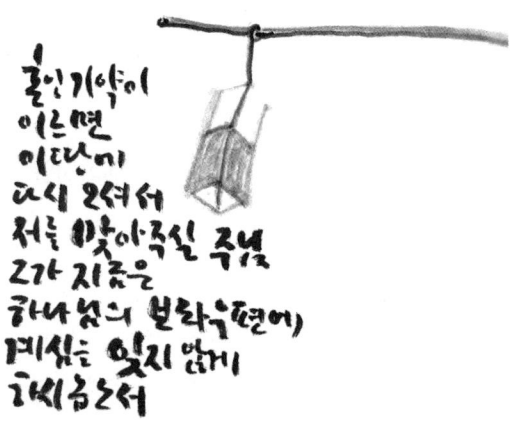

Calligraphy design by Butnori

17. 은혜의 보좌 앞에 담대히

하나님 아버지,
'은혜의 보좌 앞에.' 주님께서 대제사장으로 앉아 계시는 자리(곳)를 중심하라고 가르쳐 주시니 감사합니다. 신부에게도 여전히 긍휼하심을 받고, 바로 그 시간에 은혜를 받아야 될 줄로 믿습니다.
신부로 선택이 되었지만 자신이 인간의 모습으로 있을 때, 수시로 죄의 유혹에 넘어지기 때문에 하나님의 도움을 필요로 한다고 여깁니다. 도움이 필요한 시간을 아시는 주님께로 나가야 하겠지요.
오늘, 저에게 은혜의 보좌가 있습니까? 사실, 은혜를 보좌를 중심으로 지내지 않았음을 고백합니다. 용서해 주시옵소서. 제가 주님의 자비와 도움을 필요하다는 것을 주님은 아시는데, 저는 주님의 도우심을 무시하고 지냈습니다. 이제, 주님 앞을 떠나지 않게 하시옵소서.
- 저에게 은혜를 베푸시려고 대기하고 계신 하나님,
- 제가 엎드리면 불쌍히 여기시며 은혜를 베푸시는 하나님, 아멘.
혼인 기약이 이르면 이 땅에 다시 오셔서 저를 맞아주실 주님, 그가 지금은 하나님의 보좌 우편에 계심을 잊지 않게 하시옵소서. 저를 위하여 도와주시고, 적절하게 베풀어 주심을 믿게 하시옵소서.
예수님의 이름으로 기도드립니다. 아멘.

♥

계 16:15하

누구든지 깨어

자기 옷을 지켜

벌거벗고 다니지 아니하며

자기의 부끄러움을

보이지 아니하는 자는

복이 있도다.

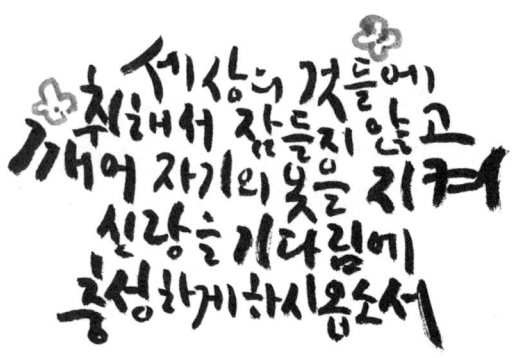

Calligraphy design by Butnori

18. 부끄러움을 보이지 아니하는

하나님 아버지,

'깨어 자기 옷을 지켜.' 주님께서 오실 때, 도적 같이 오시니 깨어있으라 하심을 감사합니다. 주님께서 도적 같이 오신다는 말씀은 이미 사데 교회와 라오디게아 교회에 주신 경고였음을 기억합니다.

당시에, 우상숭배의 죄에 빠진 사데 교회와 라오디게아 교회는 마땅히 주님께 충성하라는 말씀을 들어야 했던 줄로 믿습니다. 주님께 대한 충성은 곧 주님의 다시 오심(재림)을 기다림이었다고 여깁니다.

오늘, 주님을 향해서 충성하라는 말씀을 받게 하시옵소서. 신랑을 기다리는 저는 신랑 예수가 오실 때까지 사탄의 유혹에 넘어가지 않으며, 신랑에 대한 충성을 버리지 않음인 줄로 깨닫습니다.

신랑을 기다리며 기도하게 하시옵소서. 마지막 때에 있을 사탄의 기만에 속지 않기 위해서 기도하게 하시옵소서. 핍박을 받는 환경에서도 넘어지지 않기를 결단하며 기도하게 하시옵소서. 성령님께서 도우셔야만 늘 깨어 있어 충성할 수 있음을 확신합니다.

세상의 것들에 취해서 잠들지 않고, 깨어 자기의 옷을 지켜 신랑을 기다림에 충성하게 하시옵소서. 부끄러움을 보이지 않게 하시옵소서.
예수님의 이름으로 기도드립니다. 아멘.

♥

대하 19:9

그들에게

명령하여 이르되

너희는

진실과 성심을 다하여

여호와를 경외하라.

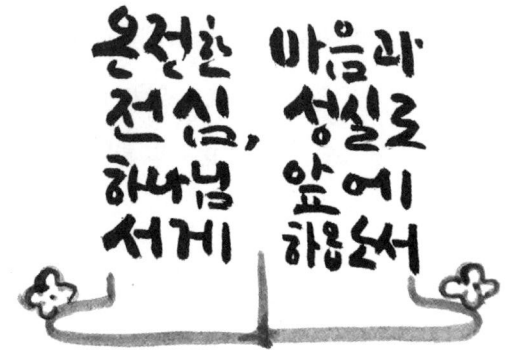

Calligraphy design by Butnori

19. 너희는 진실과 성심을 다하여

하나님 아버지,
마음과 생각을 하나님께 집중하도록 강권해 주시니 감사합니다. 하나님께서는 자신에게 고정된 사람을 사용하셔서, 하늘에서 이루어진 일이 땅에서도 이루어지게 하시는 줄로 믿습니다.
오늘, 하나님께 말고 다른 것에 마음을 내어주지 않도록 결단해야 한다고 깨닫습니다. "너희는 진실과 성심을 다하여."라는 말씀을 읊조립니다. 하나님을 두려움으로 경외하는 마음을 갖게 하시옵소서.
저에게 신부라는 이름을 주시고, 구원을 약속받았지만(이미), 완전한 구원을 향해서 달려가야(아직) 하므로 하나님을 두려워하는 마음을 우선 가져야 한다고 여깁니다. 만일, 자기를 크리스천이라 하면서 하나님을 경외하지 않는다면 그의 구원은 가짜일 것입니다.
하나님 앞에서 자신을 거룩한 신부로 인식하게 하시옵소서. 전심으로 하나님께 향하기를 원합니다. 한 순간도 여호와를 두려워하는 마음에서 떠나지 않게 하시옵소서. 하나님을 경외하게 하시옵소서.
온전한 마음과 전심, 성실로 하나님 앞에 서게 하시옵소서. 이로써 하나님처럼 불의하지 않고, 치우치지 않고, 굽지 않게 하시옵소서.
예수님의 이름으로 기도드립니다. 아멘.

♥

욥 42:6

그러므로

내가 스스로

거두어들이고

티끌과 재 가운데에서

회개하나이다.

거두어들임은
회개에 대한
적극적인 표현인
줄로 믿습니다
하나님의 현존을
경험한 사람의
고백이지요

Calligraphy design by Butnori

20. 스스로 거두어들이고

하나님 아버지,
'스스로 거두어들이고.' 자신의 지난 행실에 대한 거두어들임에 대하여 깨닫게 하시니 감사합니다. 거두어들임은 회개에 대한 적극적인 표현 인줄로 믿습니다. 하나님의 현존을 경험한 사람의 고백이지요. 욥이 지금까지 하나님에 대하여 듣기는 하였지만, 직접 하나님의 실재를 경험한 후에, 그의 회개는 인격적인 것이었음을 깨닫습니다. 하나님의 말씀에서 자신을 대면하게 되었고, 회개에 이르렀습니다.
오늘, 하나님을 경험하게 하시옵소서. 하나님에 대하여 안다든가, 하나님을 지식적으로 이해하는데서 뛰어넘어 하나님과의 만남을 경험하게 하시옵소서. 남에게로부터 전해 듣는 하나님이 아니라 자신이 경험하는 하나님에 대한 지식을 갖게 하시옵소서.
눈으로 보든, 귀로 음성을 듣든, 하나님의 실존을 경험하여 자신을 돌아보게 하시옵소서. 그리고 자신의 잘못되었던 것들을 거두어들이게 하시옵소서. 이때, 참 회개를 경험한다고 깨닫습니다.
사실, 지금까지의 회개는 언어뿐이었음을 고백합니다. 죄가 되었던 행실을 버린다든가 자기를 포기하고, 결단을 다짐하게 하시옵소서.
예수님의 이름으로 기도드립니다. 아멘.

♥

시 25:4

여호와여

주의 도를

내게 보이시고

주의 길을

내게 가르치소서.

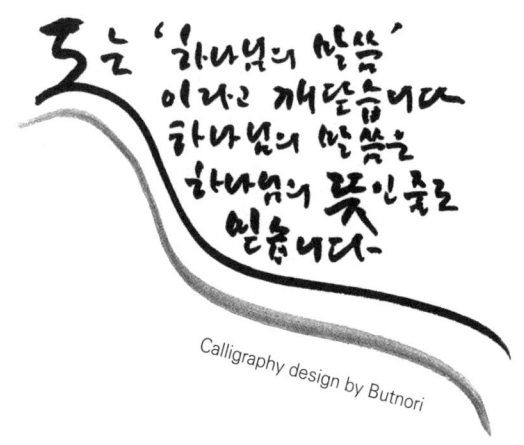

Calligraphy design by Butnori

21. 주의 도를, 주의 길을

하나님 아버지,
"주의 도를 내게 보이시고." 요청하게 하시니 감사합니다. 도(길) = '하나님의 말씀'이라고 깨닫습니다. 다윗은 고난 중에서 자신이 어떻게 처신해야 할지를 몰랐지요. 하나님의 말씀은 하나님의 뜻인 줄로 믿습니다. 그래서 그가 주의 도와 주의 길을 구했다고 여깁니다.
하나님의 말씀을 들었다고 해서 깨달아집니까? 그 말씀을 이해하고 진리를 받아들이도록 하시는 성령님의 은혜가 있어야지요. 다윗은 그 은혜를 구했다고 확신합니다. 그는 종일 주를 바란다고 했지요.
오늘, 저에게도 그렇게 하도록 해주시는 은혜가 있어야 한다고 여깁니다. 만일, 환난을 당했을 때, 하나님께 그 사건을 주신 까닭을 가르쳐 주시며, 그 상황에서 하나님의 뜻을 따라 행하도록 인도를 받아야 된다고 확신합니다. 그것이 생명의 길이라 깨닫습니다.
하나님의 의도를 알기를 구하게 하시옵소서. 하나님의 인도를 구하게 하시옵소서. 하나님의 뜻을 깨닫고, 순종하게 하시옵소서.
저를 죄악과 멸망에서 구원해 주신 아버지! 또 제가 닥친 상황에서 구원해 주시는 아버지! 하나님의 뜻을 이루어 드리게 하시옵소서.
예수님의 이름으로 기도드립니다. 아멘.

♥

시 37:4

또 여호와를
기뻐하라
그가 네 마음의 소원을
네게 이루어
주시리로다.

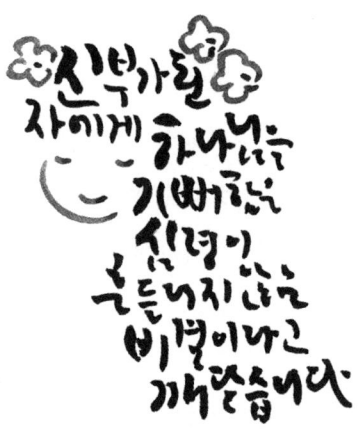

Calligraphy design by Butnori

22. 네 마음의 소원을 네게

하나님 아버지,
하나님을 사랑하면서 지내던 다윗이 자신의 생활에서 신앙고백적인 말로 "여호와를 기뻐하라." 권고하게 하셨습니다. 그는 여호와를 기뻐함에서 그가 흔들리지 않았다고 확신합니다. 신부가 된 자에게 하나님을 기뻐함은 심령이 흔들리지 않는 비결이라고 깨닫습니다.
오늘, 저에게도 하나님을 기뻐하도록 하시니, 하나님께서 저를 얼마나 사랑하시는지를 확인합니다. 제가 붙들어야 될 여호와 신앙을 하님께서 붙잡아 주시고 계심을 묵상합니다. 다윗에게 여호와를 기뻐하도록 하셨음이 저에게도 그리하시리라 믿습니다.
다윗이 여호와를 기뻐하며 살아가도록 하심에서
- 마음의 소원을 갖게 하시는 하나님이십니다.
- 마음의 소원을 이루어 주시는 하나님이십니다.
저를 사랑하시는 하나님의 계획을 다시금 확인하게 하십니다. 소원에 힘을 쏟지 않고, 하나님을 기뻐하기만 하면, 그 응답으로 하나님께서 소원을 이루어주신다는 것이지요. 그러니, 신부로 구별해 주셨음에 감격하면서 하나님께만 마음을 드리도록 기뻐하게 하시옵소서.
예수님의 이름으로 기도드립니다. 아멘

♥

욜 2:12

여호와의 말씀에

너희는 이제라도 금식하고

울며 애통하고

마음을 다하여

내게로 돌아오라 하셨나니.

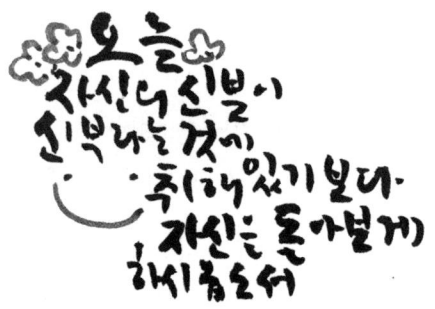

Calligraphy design by Butnori

23. 금식하고 울며 애통하고

하나님 아버지,
'이제라도, 돌아오라.' 자기 백성을 향하신 하나님의 자비는 회개하기를 기다리시니 감사합니다. 이방인에게는 그들의 죄에 따라 징계를 하시지만 선민에게는 회개할 기회를 남겨 놓으신 줄로 믿습니다.
역사적으로 선민에게는 여러 번이나 위기가 있었지만 그때마다 민족적으로 회개하도록 하셔서 구원해 주셨음을 깨닫습니다. 그들이 여호와께로 돌이키면 용서해 주시고, 다시 일으켜 주셨습니다.
오늘, 자신의 신분이 신부라는 것에 취해 있기보다는 자신을 돌아보게 하시옵소서. 흠이나 티가 있는지를 찾아내게 하시옵소서. 죄에 절여 있지는 않은지를 살펴, 회개하게 하시옵소서.
저를 회개로 초청하시는 하나님의 자비에 감격하게 하시옵소서.
- 금식하고 울며 애통하라 하셨으니 은혜라고 깨닫습니다.
- 마음을 다하여 돌아오라 하셨으니 긍휼이라고 깨닫습니다.
신랑 예수를 기다림이 마음은 떠나고 습관만 남아 있지 않기를 원하게 하시옵소서. 주님을 기다림이 느슨해져서 간절함이 식어지지 않게 하시옵소서. 하나님의 곁을 떠나 있지 않게 하시옵소서.
예수님의 이름으로 기도드립니다. 아멘.

♥

행 8:22

그러므로
너의 이 악함을
회개하고
주께 기도하라
혹 마음에 품은 것을
사하여 주시리라.

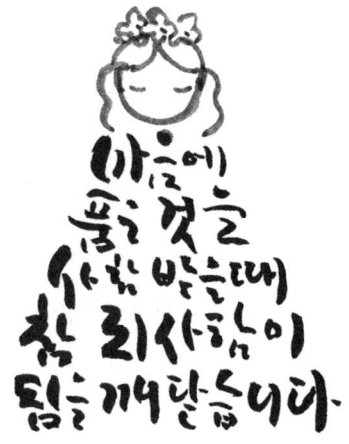

Calligraphy design by Butnori

24. 사하여 주시리라

하나님 아버지,
'너의 이 악함을.' 마술사 시몬이 돈을 드려 성령을 얻고자 하자, 그 악함을 회개하라 하시니 감사합니다. 하나님의 선물을 돈으로 얻고자 했던 시몬의 사악함은 회개해야 하였다고 깨닫습니다.
성령을 돈으로 얻겠다는 그의 발상은 신성모독의 죄였는데, 그에게 악함을 회개하라고 권고함은 하나님의 자비라고 여깁니다. 마음에 품은 것을 사함 받을 때, 참 죄 사함이 됨을 깨닫습니다.
오늘, 저의 행실을 갖고 회개할 것이 아니라, 마음에서 회개를 시작하게 하시옵소서. 행실은 없었으나 생각만으로 지은 죄에 대하여서도 회개해야 함을 깨닫습니다. 마음에서 죄를 따지게 하시옵소서.
신랑 주님 앞에서 신부로서의 자신을 준비할 때, 언제나 마음의 상태를 확인하게 하시옵소서. 행실은 마음에서 시작된 것을 나타낼 뿐이니 마음을 먼저 고백하게 하시옵소서.
행실은 마음의 결과라고 깨닫습니다. 하나님 앞에서 악한 마음을 회개하게 하시고, 기도하게 하시옵소서. 죄가 되었던 행실을 고백할 때, 마음에서부터 회개하게 하시옵소서.
예수님의 이름으로 기도드립니다. 아멘.

♥

살전 3:13하

우리 주 예수께서
그의 모든 성도와 함께
강림하실 때에 …
거룩함에
흠이 없게 하시기를
원하노라.

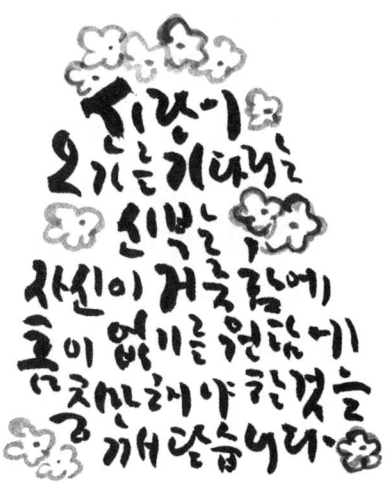

Calligraphy design by Butnori

25. 강림하실 때에

하나님 아버지,
'거룩함에 흠이 없게.' 주님께서 다시 오실 때, 하나님의 임하심을 경험하게 하시니 감사합니다. 그때, 모든 거룩한 자(교회)가 왕의 왕으로 오실 주님과 함께 할 것을 내다보게 하시는 줄로 믿습니다.
신랑이 오기를 기다리는 신부는 자신의 거룩함에 흠이 없기를 원함에 충만해야 할 것을 깨닫습니다. 그리할 때, 그에게 신랑을 향한 마음이 더욱 굳어지고, 영광으로 오실 주님을 맞이한다고 여겨집니다.
오늘, 저에게 간구의 첫 마디를 거룩함에 모으게 하시옵소서. 신랑을 사모하는 신부의 마음은 거룩함이어야 한다고 확신합니다. 거룩함으로 제가 얼마나 주님을 사랑하는지를 보여드리게 될 것입니다.
제가 무릎의 시간이 길어지는 만큼 말을 늘어놓지만 그것은 하나님께 닿기도 전에 사라지고 말지도 모릅니다. 저의 간구를 거룩함으로 채우게 하시옵소서. 주님의 온전하심을 사모하게 하시옵소서.
주님을 향하여 신랑이라고 하였다 해서 자신을 거룩하다 여기지 않게 하시옵소서. 거룩해졌다고 착각하지 않게 하시옵소서. 거룩함은 오직 주님인 줄로 믿습니다. 주님을 닮음에 만족하게 하시옵소서.
예수님의 이름으로 기도드립니다. 아멘.

♥

히 2:1

그러므로

우리가 들은 것에

더욱 유념함으로

우리가 흘러

떠내려가지 않도록 함이

마땅하니라.

Calligraphy design by Butnori

26. 흘러 떠내려가지 않도록

하나님 아버지,

구원의 복음을 들은 것에 유념하라 하시니 감사합니다. 죄인이었던 인생에게 베풀어주신 구원은 큰 구원인 줄로 믿습니다. 이 구원에서 자라가도록 주님에 관한 말씀을 듣게 하심을 깨닫습니다.

영생은 곧 유일하신 참 하나님과 그의 보내신 자 예수 그리스도를 아는 것이라고 하셨습니다. 이 복음을 듣고 말아야 하겠습니까? 아니지요. 마음에 깊이 간직하여 흘러 내려가지 않도록 조심하라고 깨우쳐 주셨습니다. 그래서 이 사실을 성경에 기록해 주셨지요!

복음은 신부에게 신랑을 사모하면서 지내게 하는데, 이 복음이 흘러 떠내려가지 않도록 주의 하게 하시옵소서. 그러니, 이 진리를 즐거워하게 하시며, 시간, 시간마다 듣기를 달게 여기게 하시옵소서. 성경에서 증거 된 복음은 심령에 간직하기를 원합니다.

오늘도 성령님께 충만하게 하시옵소서. 성령님의 인도하심에 따라 진리를 올바르게 받아들여 지식에 이르게 하시옵소서. 성령님이 아니시라면 생명을 얻는 지식이 될 수 없음을 확신합니다. 성령님께서 이끄심으로 진리에 이르는 신부가 되게 하시옵소서.

예수님의 이름으로 기도드립니다. 아멘.

♥

약 5:7상

그러므로

형제들아

주께서

강림하시기까지

길이 참으라.

Calligraphy design by Butnori

27. 주께서 강림하시기까지

하나님 아버지,
아침이면, 하늘나라의 영광을 바라보게 하시고, 천국의 소망으로 지내오게 하셨음에 감사드립니다. 지금은 어제, 실패를 했다는 아픔보다는 이 상황을 보게 하시는 하나님의 섭리를 묵상하게 하시옵소서.
돌이켜보니, 죄로 얼룩진 지난 시간들이었습니다. 여호와의 사유하심으로 어리석었던 저를 받아 주시옵소서. 부지불식간에 죄를 짓고도 모르는 이 어리석음을 용서해주시옵소서.
제가 어떠한 지를 알게 하셨으니, 좌절하기보다는 이 기회에 깨달아야 할 것들을 배우는 은혜를 주시옵소서. 어려움에 빠지는 위기가 닥쳤더라도 하나님의 간섭에 소망이 있음을 잊지 않게 하시옵소서.
실패라는 연단의 시간을 통해서 신부 단장에 부족함이 없음을 바라보게 하시옵소서. 이 역경이 필수적이라면 감격으로 받아들이게 하시옵소서. 이 연단을 참아 거룩한 신부로 빚어지기를 원합니다.
죄인을 구원하시고, 하나님의 뜻을 이루시기 위하여 우리에게 참으셨던 하나님을 생각합니다. 하나님의 참으심을 묵상하면서, 이 고난을 견디게 하시옵소서. 저에게도 참음의 은혜를 주셔서 이 역경을 인내하게 하시옵소서. 역경은 저에게 거울이었음을 고백합니다.
예수님의 이름으로 기도드립니다. 아멘.

시 45:15

그들은

기쁨과 즐거움으로

인도함을 받고

왕궁에

들어가리로다.

28. 인도함을 받고 왕궁에

하나님 아버지,
예수님을 신랑으로 삼아 신부단장을 하고 지내던 성도에게 천상에서의 혼인잔치를 바라보게 하셨음에서 찬송으로 영광을 드립니다.
어떤 이는 신앙생활을 피곤하고 귀찮게 여기지만 저에게는 '기쁨과 즐거움'이라고 확신합니다. 사모하는 주님과의 혼인잔치를 그리워하던 저에게 왕궁으로 들어가도록 하시는 하나님이십니다. 이에, 어린양의 신부로서 흰 세마포 옷을 입고, 그날을 기다리게 하시옵소서.
천상에서 혼인잔치가 열리기를 기다리는 저에게,
- 흰 세마포 옷으로 신부단장하게 하시는 하나님이십니다.
- 기쁨과 즐거움으로 인도함을 받게 하시는 하나님이십니다.
주님을 생각만 하여도 기쁨과 즐거움이 넘치게 하시니 감사합니다.
신부로 자기를 단장하기에 열심이어야 할 제가, 무엇을 기쁨으로 삼아야 하겠습니까? 무엇이 저에게 즐거움이 되겠습니까?
이 지상에서는 저에게 기쁨과 즐거움이 될 것이 없음을 인정하게 하시옵소서. 혼인잔치를 기다리며 신부단장에 마음을 쏟게 하시옵소서.
하나님께서 열어주시는 영광을 사모하며 지내게 하시옵소서.
예수님의 이름으로 기도드립니다. 아멘

♥

시 86:11

여호와여

주의 도를 내게 가르치소서

내가 주의 진리에

행하오리니

일심으로 주의 이름을

경외하게 하소서.

Calligraphy design by Butnori

29. 주의 도를 내게

하나님 아버지,
"내가 주의 진리에 행하오리니." 결단의 고백에 동참하게 하시니 감사합니다. 주의 진리에 = '주님의 도를 배움'이라고 깨닫습니다. 주님의 도를 배우게 되면 그 진리 안에서 행하게 되는 줄로 믿습니다. 하나님의 말씀을 배우고, 그 안에서 지냄이 즐거움이라고 여깁니다.
하나님의 말씀은 무엇인지요? 우리에게 하나님을 경외하고, 이웃을 사랑하며 살아갈 수 있는 지를 가르쳐 주심이지요. 하나님을 경외하는 인생은 자신을 지키며, 하나님의 뜻을 이룬다고 깨닫습니다.
오늘, "일심으로 주의 이름을 경외함을" 저의 것으로 삼게 하시옵소서. 그것이 저에게 하나님을 떠나 세상의 향락과 쾌락에 빠져 버리는 것을 막는다고 확신합니다. 영적인 잠에 빠짐도 막아주지요.
- 다윗에게 응답해 주셨으니 저에게도 주의 도를 가르쳐 주시옵소서.
- 주의 진리에 행하겠다고 결단하게 하시옵소서.
주의 도를 배워, 주의 진리에 행하여 하나님의 뜻을 이루게 하시옵소서. 주님을 나의 신랑으로 고백하여 '주의 도를 배우게' 하시며, 하나님을 하나님으로 섬겨 그 앞에서 '진리에 행하게' 하시옵소서.
예수님의 이름으로 기도드립니다. 아멘.

♥

마 6:10

나라가

임하시오며

뜻이 하늘에서

이루어진 것 같이

땅에서도

이루어지이다.

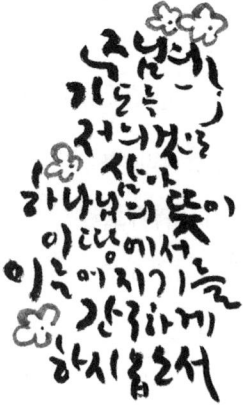

Calligraphy design by Butnori

30. 땅에서도 이루어지이다

하나님 아버지,
"뜻이 하늘에서 이루어진 것 같이." 하나님의 관심에 감사합니다. 뜻, 델레마 = 하나님께서 의롭게 여기시는 요구들'이라고 깨닫습니다. 하나님의 세상에 대한 섭리와 경륜은 델레마인 줄로 믿습니다. 하나님의 관심은 땅에서도 델레마를 원하신다고 여깁니다.
델레마를 이루시려고 자기의 독생자를 십자가에 내어 주셨으며, 주님께서 대속의 제물이 되어주셨다고 깨닫습니다. 여기에 주님께서는 절대적으로 순종하셨지요. 아버지의 계획과 아들의 순종을 봅니다.
오늘, 하늘에서 이루어져 있는 하나님의 뜻을 생각합니다. 하나님의 선하시고, 기뻐하시고, 온전하심이라고 확신합니다. 그러니 기도의 입술을 열 때, 먼저 하나님의 뜻을 찾게 하시옵소서.
델레마를 생각하니, 저의 간구가 얼마나 어리석었는지를 깨닫습니다.
저의 입술이 닳도록 간구했던 것들은 이미 기도가 아니었음을 확인합니다. 하늘에 오르기도 전에 땅에 떨어질 것들이었습니다.
저의 간구를 축복해 주시옵소서. 주님의 기도를 저의 것으로 삼아, 하나님의 뜻이 이 땅에서 이루어지기를 간구하게 하시옵소서.
예수님의 이름으로 기도드립니다. 아멘.

♥

마 21:31

그 둘 중의

누가

아버지의 뜻대로

하였느냐

이르되

둘째 아들이니이다.

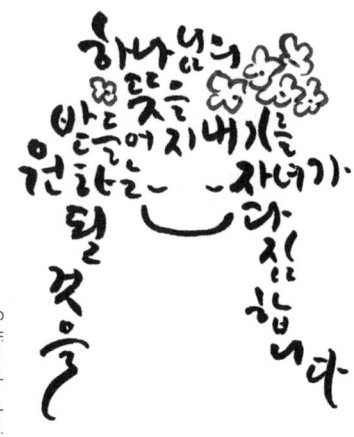

31. 누가 아버지의 뜻대로

하나님 아버지,
"누가 아버지의 뜻대로 하였느냐." 행실에 주목하시니 감사합니다. 두 아들 중에 맏이에게 포도원에 가서 일하라고 했을 때, 그는 가겠다고 했으나 가지 않았지요. 둘째에게도 요청을 했는데 그는 싫다고 거절을 했다가 뉘우치고 포도원에 가서 일을 했음을 묵상합니다.
"그 둘 중의 누가 아버지의 뜻대로 하였느냐?" 저에게 질문하시는 주님의 물으심을 받습니다. 둘째 아들이라고 깨닫습니다. 그는 아버지의 말씀을 거절한 자기의 잘못을 뉘우쳤다고 했으니까요? 뉘우쳤기 때문에 아버지의 요구를 받아들여 밭으로 간 줄로 믿습니다.
오늘, 가겠다고 대답을 했는데 지키지 않은 아들이 바로 저라고 여깁니다. 대답은 하였으나 저의 생각을 앞세워서 행동하기 때문이지요. 둘째 아들이 되기를 원하시는 주님의 음성을 듣습니다. 하나님의 뜻을 받들어 지내기를 원하는 자녀가 될 것을 다짐합니다.
왜, 저는 하나님께 단순하지 못할까요? 하나님의 말씀에 '토'를 달아서 행동을 할까요? 하나님께의 단순함, 그것이 하나님의 뜻이라고 깨닫습니다. 뉘우쳐서 행실을 바꾸게 하시옵소서.
예수님의 이름으로 기도드립니다. 아멘.

♥

벧전 1:5

너희는

말세에 나타내기로

예비하신 구원을 얻기 위하여

믿음으로 말미암아

하나님의 능력으로

보호하심을 받았느니라.

Calligraphy design by Butnori

32. 예비하신 구원을 얻기 위하여

하나님 아버지,
"말세에 나타내기로 예비하신 구원을 얻게" 하시니 감사합니다. 주님께서 재림하시는 날에 구원이 성취됨을 약속받았다고 확신합니다.
성도는 모두 하늘 아버지의 그 많으신 긍휼하심을 받아 구원의 은혜를 받은 줄로 믿습니다. 말세에 나타내기로 예비 된 구원은 천국백성에게 인류의 종말에 성취될 온전한 구원이라고 깨닫습니다.
우리에게 이 구원을 얻게 하시려고, 성도 개개인마다 하나님의 능력으로 보호하심을 받고 있으니 감격스럽습니다.
오늘, 자기 백성을 위하여 하늘에 간직된 영광스러운 소망을 바라봄을 새롭게 할 것을 결단합니다. 말세라는 표현은 결코 두려운 시간이 아니라 구원이 온전하게 성취되는 때인 줄로 믿습니다.
그러니, 감격 속에서 그 날을 기다리게 하시옵소서. 저는 비록 세상 속에서 지내지만 하늘 아버지의 나라를 바라보게 하시옵소서. 저의 눈동자를 늘 하나님의 나라에 두게 하시옵소서.
날마다 하늘 아버지를 의지하고, 그 신앙을 통해서 하나님의 보호하심과 종말론적 구원의 완성을 누리게 하시옵소서.
예수님의 이름으로 기도드립니다. 아멘

♥

벧후 1:10

그러므로 형제들아

더욱 힘써

너희 부르심과 택하심을

굳게 하라

너희가 이것을 행한즉

언제든지 실족하지 아니하리라.

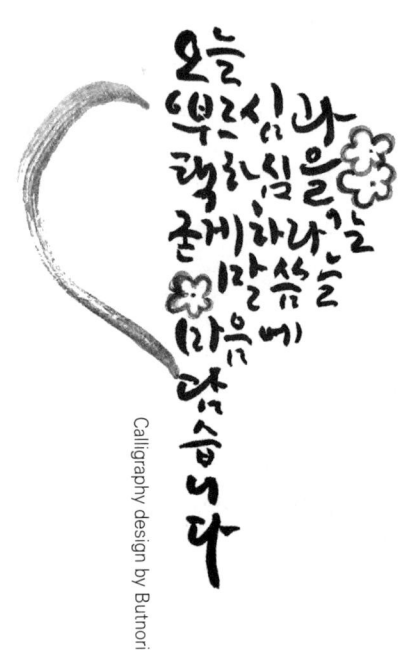

Calligraphy design by Butnori

33. 너희가 이것을 행한즉 언제든지

하나님 아버지,
"더욱 힘써 너희 부르심과 택하심을 굳게 하라."고 하시니 감사합니다. "이것을 행한즉 언제든지 실족하지 아니하리라."고 하셨습니다. 신부에게 이 땅에서의 삶은 부지런함이어야 한다고 확신합니다.
하나님께서는 보배롭고 큰 약속으로 신부라 하셨다고 깨닫습니다. 그리고 이 약속으로 부르시려고, 창세전에 그리스도 안에서 우리를 택정하신 줄로 믿습니다. 이 사실을 굳게 해야 한다고 배웁니다.
베드로는 당시의 교회에게 이것을 굳게 하라고 권면하였지요. 성도가 만일, 부르심과 택하심을 믿지 못하면 흔들리고 말 것입니다. 아무것도 가질 수 없으며, 아무 열매도 맺을 수 없다고 깨닫습니다.
오늘, "부르심과 택하심을 굳게 하라."는 말씀을 마음에 담습니다. 구원을 받았음을 확신하지 못한다면 넘어지고 말겁니다.
제가 구원을 받았음을 스스로 굳게 해야 한다고 여깁니다. 굳게 하는 작업은 누가 대신해 주겠습니까? 오, 저에게 은혜를 내려 주시옵소서. 이 확신으로 지내게 하시옵소서. 이로써 어떤 고난이 와도 그 고난으로 실족하지 않게 하시옵소서. 할렐루야!
예수님의 이름으로 기도드립니다. 아멘

♥

요일 3:1상

보라

아버지께서

어떠한 사랑을

우리에게 베푸사

하나님의 자녀라 일컬음을

받게 하셨는가.

Calligraphy design by Butnori

34. 하나님의 자녀라 일컬음을

하나님 아버지,
죄인이었던 인생을 천국의 백성, 신랑 주님의 신부로 구별해 주시니 감사합니다. 이 신분은 변화된 것이 아니고, 하나님께로부터 주어진 은혜인 줄로 믿습니다. 신부라 일컬어 주셨으니 매일, 눈을 뜰 때마다 신랑 주님을 사모하도록 하셨음에 감격하게 하시옵소서.
오늘, 죽어 마땅했던 제가 누구였는지를 알기 원합니다. 이로써 그 사랑으로 감격하게 하시옵소서. 과연, 저는 어떤 사람이었습니까?
1. 하나님과 원수의 자리 : "전에 악한 행실로 멀리 떠나 마음으로 원수가 되었던 너희를"이라고 했습니다.(골 1:21)
2. 본질적으로 죽어있던 자 : "너희의 허물과 죄로 죽었던 너희를 살리셨다."고 했습니다.(엡 2:1) 아무런 소망도 없었지요.
3. 본질상 진노의 자녀들 : "본질상 진노의 자녀"였다고 했습니다.(골 3:2) 하나님의 심판으로 멸망 받을 자들이라는 것이었지요.
4. 죄의 종들 : "너희가 본래 죄의 종이였다"고 했습니다.(롬 6:17) 죄가 시키는 대로 따라가는 신분, 하나님의 심판을 받아야 하였지요.
죽음에 처했던 인생을 구원에 이르게 하시니 감격하게 하시옵소서.
예수님의 이름으로 기도드립니다. 아멘

♥

출 1:21

그 산파들은

하나님을 경외하였으므로

하나님이

그들의 집안을

흥왕하게 하신지라.

Calligraphy design by Butnori

35. 하나님을 경외하였으므로

하나님 아버지,
'흥왕하게.' 히브리의 산파들에게 은혜를 베푸신 하나님께 찬양을 드립니다. 애굽의 새 왕이 선민을 두렵게 여겨 히브리의 산파들에게 그들이 조산할 때, 남자여든 죽이라 하였지만 산파들이 애굽 왕의 명령을 거절한 줄로 믿습니다.
그녀들은 애굽 왕에게 불복종이 어떤 결과가 올 것인가를 알면서도 하나님을 두려워해서 그리한 줄로 깨닫습니다. 자신의 목숨을 드리면서 하나님을 경외했던 산파들의 행동이 감격스럽습니다.
오늘, 하나님을 경외하기 위해서 자신의 목숨을 대가로 지불하려 했던 히브리의 산파들로부터 도전을 받게 하시옵소서. 그녀들은 하나님을 섬긴다는 표현을 자기들의 목숨으로 나타내었다고 깨닫습니다, 하나님을 경외하기 때문에 세상의 권력에 저항했던 그녀들, 그들의 신앙에 대한 하나님의 응답에 감사합니다. 하나님께서 그들의 집안을 흥왕하게 하셨다고 하셨습니다.
저에게 복을 구하기 전에, 여호와를 두려워하겠다고 결단하게 하시옵소서. 여호와 앞에서 떨게 하시옵소서. 행함으로 여호와를 경외하게 하시옵소서. 이로써 응답으로 주시는 복을 누리게 하시옵소서.
예수님의 이름으로 기도드립니다. 아멘.

♥

신 6:24중

이는 우리가

우리 하나님 여호와를

경외하여

항상 복을 누리게 하기

위하심이며.

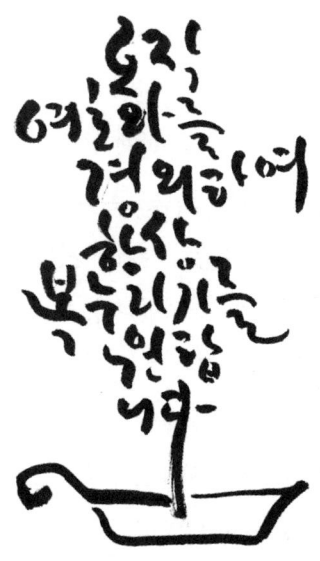

Calligraphy design by Butnori

36. 항상 복을 누리게 하기

하나님 아버지,
'항상 복을 누리게.' 하나님의 자기 백성에 대한 관심은 그들이 복을 누림이었다고 깨닫습니다. 그들에게 지키라고 계명을 주심은 그것이 하나님 앞에서 옳으며, 선한 것이므로 그 모든 규례를 지킬 때 그들에게 의로움이 된다고 약속하신 줄로 믿습니다.
왜, 계명을 지키라 하셨는지요? 의는 복을 가져오지만 죄는 화를 가져올 것이며, 악인에게는 평강이 없기 때문이지요. 하나님의 자녀는 이미 예수님을 그리스도로 믿어, 의롭다 하심을 얻었다고 확신합니다. 그러니, 죄는 버리고, 의와 선을 행해야 한다고 여깁니다.
오늘, 하나님의 계명과 규례를 지킴에 부지런하기를 다짐하게 하시옵소서. 이로써 하나님께서 언약해주신 복을 누리게 하시옵소서.
- 육체의 일들은 하지 않고, 성령의 열매를 맺어드리기를 원합니다.
- 죄악 된 습관을 좇았던 옛 사람을 벗어버리기를 원합니다.
- 오직 여호와를 경외하여 항상 복을 누리기를 원합니다.
오늘을 지내는 한 날을 주님 앞에서 신부로서 지냄을 증거로 여기게 하시옵소서. 신랑 주님을 기다림에 흠과 티가 없게 하시옵소서.
예수님의 이름으로 기도드립니다. 아멘.

시 119:2

여호와의

증거들을 지키고

전심으로

여호와를 구하는 자는

복이 있도다.

Calligraphy design by Butnori

37. 전심으로 여호와를 구하는

하나님 아버지,
"여호와의 증거들을 지키고." 복의 고백에 감사합니다. 복 = '하나님의 말씀을 지키며, 하나님을 구하는' 것이라고 깨닫습니다. 하나님께서 다윗에게 복을 주시려고 그가 말씀을 지켜 행하며, 전심으로 하나님을 구한 줄로 믿습니다. 하나님 앞에서 살아감이라고 여깁니다.
하나님께서 피조물 된 인생에게 복을 주시려고 '여호와의 증거들을 지키고, 여호와를 구하도록' 하신 줄로 깨닫습니다. 그는 하나님의 보호를 받지요. 악을 행하지 않고, 주의 도를 행한다고 여깁니다.
오늘, 여호와 앞에서 누가 복됩니까? 악에서 떠난 사람인 줄로 깨닫습니다. 사람이 악을 피하려면 주의 도를 좇음이라고 깨닫습니다. 그러니, 저에게 여호와의 증거들을 지키기를 원하게 하시옵소서. 전심으로 여호와를 구하며, 하나님 앞에서 지내게 하시옵소서.
저의 인생을 복되게 하시려는 하나님을 깨닫습니다. 주신 말씀을 지키려고 열심을 내게 하시옵소서. 그것이 하나님의 뜻이라고 여깁니다. 하나님의 말씀에 주의를 기울이게 하시옵소서. 신부가 실천해야 될 하나님의 뜻을 이룸에 주목하게 하시옵소서.
예수님의 이름으로 기도드립니다. 아멘.

♥

시편 119:124

주의

인자하심대로

주의 종에게 행하사

내게 주의 율례들을

가르치소서.

Calligraphy design by Butnori

38. 내게 주의 율례들을

하나님 아버지,
"주의 인자하신 대로 주의 종에게 행하사." 하나님의 인자하심에 감사합니다. 인자하심 = '주의 종에게 행하심'이라고 깨닫습니다. 인생이 하나님께 기댈 수 있는 유일한 근거는 하나님의 자비인 줄로 믿습니다. 자비로우시기 때문에, 그의 종들에게 자비를 나타내시지요.
다윗은 하나님의 자비에 호소하여 주의 율례들을 가르쳐 달라고 요청했다고 깨닫습니다. 율례는 무엇입니까? 지키고 따라야 하는 하나님의 말씀으로 이해한다면 저의 간구로 삼아야 된다고 배웁니다.
오늘, 저를 향하신 하나님의 인자하심을 확신합니다. 그 인자하심에 호소하여 주의 율례들을 배우겠다고 여쭙게 하시옵소서.
- 하나님은 성도에게 율례를 교훈하시니 감사합니다.
- 하나님은 악행과 함께 악인을 징벌하사니 감사합니다.
제가 하나님께로부터 말씀을 배워야 하는 까닭은 하나님의 뜻을 이룸에 있다고 확신합니다. 말씀에 순종하는 만큼 하나님의 뜻이 성취된다는 것을 잊지 않게 하시옵소서. 말씀에 순종해서 의인으로 살아드림을 오늘의 의미로 받아들이게 하시옵소서.
예수님의 이름으로 기도드립니다. 아멘.

♥

시 143:10상

주는

나의 하나님이시니

나를 가르쳐

주의 뜻을 행하게

하소서.

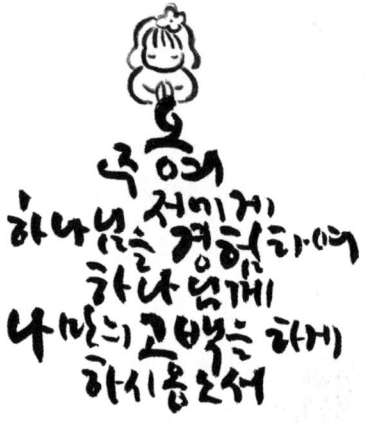

Calligraphy design by Butnori

39. 나를 가르쳐 주의 뜻을

하나님 아버지,
"주는 나의 하나님이시니." 주님을 고백하게 하시니 감사합니다. 주는 = 하나님께서 다윗에게 하나님이심을 알게 해주셨다고 깨닫습니다. 그가 하나님을 '자신의 하나님으로' 경험했다는 것이지요.
다윗의 고백은 그에게 하나님을 믿는 믿음을 결정해 주었다고 여깁니다. 하나님을 믿고, 신뢰하게 되었음을 확인합니다. 그래서
- "나를 가르쳐" 달라고 요청하는 신앙에 이르렀음을 깨닫습니다.
- "주의 뜻을 행하게" 해달라고 확신함에 이르렀음을 깨닫습니다.
오늘, 과연 저는 하나님을 누구로 고백하는 지를 생각합니다. 인생이 하나님을 신뢰하지 못하는 이유가 무엇입니까? 하나님을 경험하지 못해서라고 여깁니다. 다윗은 하나님을 경험했기 때문에 "주는 나의 하나님이시니"라고 선언했다고 깨닫습니다.
다윗에게 피난처가 되어 주신 하나님, 그가 하나님을 경험하는 것이 하나님의 뜻이었다고 깨닫습니다. 하나님이 어떠한 분이신 지를 아는 것, 그것이 하나님의 뜻인 줄로 확신합니다. 오, 주여, 저에게 하나님을 경험하여 하나님께 나만의 고백을 하게 하시옵소서.
예수님의 이름으로 기도드립니다. 아멘.

♥

잠 19:16

계명을 지키는 자는

자기의 영혼을

지키거니와

자기의 행실을

삼가지 아니하는 자는

죽으리라.

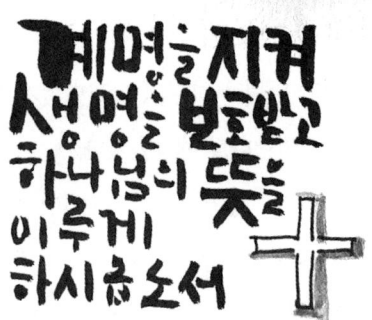

Calligraphy design by Butnori

40. 자기의 영혼을 지키거니와

하나님 아버지,

"계명을 지키는 자는." 신부의 길을 알려주시니 감사합니다. 계명 = '지키고 따라야 될 하나님의 말씀'이라고 깨닫습니다. 사람이 계명을 지킴에서 하나님께서 지시해 주신 바른 길, 선한 길을 가는 줄로 믿습니다. 의와 선을 행하여 자신의 생명을 보호받는다고 여깁니다.

계명을 지킴에 대한 하나님의 응답은 '자기의 영혼을 지킴'이라고 확인합니다. 계명을 지킬 때, 노아와 그의 가족은 홍수의 심판을 받았지요. 하나님 앞에서 의로운 자라고 인정을 받음이었다고 깨닫습니다.

오늘, 하나님 앞에서 방종한 곧, "자기의 행실을 삼가지 않는" 사람은 죽는다는 선언을 경고로 받습니다. 그러니, 주의를 기울여 계명을 지킴에 적극적이게 하시옵소서. 계명으로 살아가게 하시옵소서.

자기의 행실을 삼가지 않음은 인생이 지키고 따라야 할 것의 기준을 하나님께 두지 않는 태도라고 여깁니다. 신부가 된 자로서 부끄럽지 않으며, 보호받게 해주시려고 의와 선을 행하라 하셨습니다.

이제, 저에게, '행실을 삼가지 않음'을 선택하지 않게 하시옵소서. 계명을 지켜 생명을 보호받고 하나님의 뜻을 이루게 하시옵소서.

예수님의 이름으로 기도드립니다. 아멘.

♥

눅 12:47

주인의 뜻을 알고도
준비하지 아니하고
그 뜻대로 행하지
아니한 종은
많이 맞을 것이요.

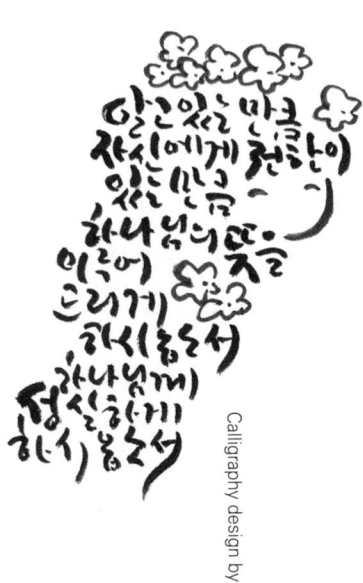

Calligraphy design by Butnori

41. 주인의 뜻을 알고도

하나님 아버지,
"준비하지 아니하고 그 뜻대로 행하지 아니한." 경고해 주시니 감사합니다. 아니한 = '고의로 불성실한 태도'라고 깨닫습니다. 자신에게 기분을 맞추어서 순종하지 않았으니 대가를 지불하게 되는 줄로 믿습니다. 그는 주인에게 '많이 맞을 것이요'라고 하였습니다.
하나님께서 사람을 대하심은 공정하신 줄로 확신합니다. 주인 되신 하나님(창조주) 앞에서 사람(피조물)이 자신의 기분에 따라 행동을 하면 그의 오만을 나타낼 뿐이지요. 그러니 많이 맞을 수밖에요!
오늘, 하나님의 심판에 대한 교훈을 받게 하시옵소서. 하나님의 뜻을 알면서도 순종하지 않으면, 모르는 이들보다 더 큰 벌을 받음을 생각하게 하시옵소서. 만일, 큰 직분을 갖고서 충성하지 않으면, 작은 직분을 가진 이들보다 더 큰 벌을 받을 것을 생각하게 하시옵소서.
그러니, 저에게 아는 것에 책임이 있음을 깨닫게 하시옵소서. 자신의 위치나 신분에 따른 책임이 있음을 깨닫게 하시옵소서.
알고 있는 만큼, 자신에게 권한이 있는 만큼 하나님의 뜻을 이루어 드리게 하시옵소서. 하나님께 성실하게 하시옵소서.
예수님의 이름으로 기도드립니다. 아멘.

♥

요 9:4

때가 아직 낮이매
나를 보내신 이의 일을
우리가 하여야 하리라
밤이 오리니 그 때는
아무도 일할 수 없느니라.

Calligraphy design by Butnori

42. 우리가 하여야 하리라

하나님 아버지,
"아직 낮이매 나를 보내신 이의 일을." 주님의 선언에 감사합니다. 낮 = '예수님이 땅에 계신 기간'이라고 깨닫습니다. 하나님의 아들이 세상에 오셨음은 하나님의 일을 하시기 위해서인 줄로 믿습니다.
주님께서 각종 병자를 고쳐주셨음의 은총과 고침을 받은 사람이 주님을 그리스도로 믿음은 바로 일이었다고 여깁니다. 하나님께서 자기의 아들을 세상에 보내신 목적이었지요.
오늘, 밤이 오리니, 그때는 일을 하고 싶어도 "아무도 일할 수 없느니라."고 하신 말씀에 주목합니다. 하나님께서는 하늘 백성에게 일을 맡기시지만 그 일은 아무 때나 할 수 있지 않다는 것을 깨닫습니다. 일을 할 수 없는 시간이 오기 전에 해야 된다는 것이지요.
낮이 가기 전에 일을 하는 것이 하나님의 뜻이라고 믿습니다. 하나님께서 시간을 주셨을 때, 주님을 세상에 보내신 일을 하게 하시옵소서. 낮의 시간에 부지런히 '보내신 이의 일'을 하게 하시옵소서.
밤이 될까 하늘을 보면서 일을 하게 하시옵소서. 주님께서 하신 일을 받아서 그대로 하여 하나님의 뜻을 이루어드리게 하시옵소서.
예수님의 이름으로 기도드립니다. 아멘.

♥

요 10:28

내가 그들에게

영생을 주노니

영원히 멸망하지 아니할 것이요

또 그들을 내 손에서

빼앗을 자가

없느니라.

Calligraphy design by Butnori

43. 그들에게 영생을 주노니

하나님 아버지,
죄인이었던 신분에서 의인의 자리로 옮겨 주셨음에 감사드립니다. 지난 날, 저의 삶은 늘 두려움과 근심이었는데, 하나님의 자녀가 되어 평안을 누리게 하셨음에 감사드립니다.
그런데 아직 청산되지 못한 죄의 본성으로 죄를 짓고 살아감을 용서해 주시옵소서. 여호와의 뜻보다는 저 자신이 기준이 되어 살아가고 있는 죄악을 회개합니다. 주님 앞에서 신부로 지내도록 하시옵소서.
이제, 주 안에서 죽음을 보지 않게 하시고, 영생을 누리게 하셨으니 성령님께 충만하기를 사모합니다. 저에게 주신 영생의 은혜는 그 누구도 빼앗을 수 없고, 마귀도 침범할 수 없음을 고백합니다.
이 은혜를 영생에 들어가는 그날까지 지키겠다는 결심을 날마다 새롭게 해주시옵소서. 성령님께서 주시는 은혜로 영생을 약속 받았음에 감격하고, 주님의 다시 오심을 즐거워하게 하시옵소서.
혹시, 저의 부주의로 영생을 잃지 않도록 자신을 지키게 하시옵소서. 이 소중한 권세를 마귀의 유혹에 내어주지 않게 하시옵소서. 세상에서 주는 잠시의 즐거움으로 영원한 기쁨을 바꾸지 않게 하시옵소서.
예수님의 이름으로 기도드립니다. 아멘.

♥

롬 2:18

율법의

교훈을 받아

하나님의 뜻을 알고

지극히 선한 것을

분간하며.

44. 하나님의 뜻을 알고

하나님 아버지,
"율법의 교훈을 받아 하나님의 뜻을 알고." 소원을 주시니 감사합니다. 받아 = 아는 것은 하나님께서 알도록 해주심이라고 깨닫습니다. 인생이 스스로의 지각으로는 하나님을 알거나 깨달을 수도 없는 줄로 믿습니다. 성령님께서 교훈해 주심으로 진리에 이르지요.
구약의 사람들은 율법에서 하나님의 말씀을 듣고, 진리에 이르렀다고 여깁니다. 모세와 선지자들을 통해서 하나님께서 친히 계시해 주셔야만 하나님께로 나아갔다고 확신합니다.
오늘, 하나님께서 자기를 계시하시는 성경을 주셨음에 감사합니다. 성경에서 하나님의 뜻을 받게 하시니 감사합니다. 성경을 듣고, 율법을 지킴에서 하나님의 뜻을 아는 백성이 되었음을 깨닫습니다.
이제, 저에게 한 가지의 소원을 품게 하시옵소서. 성경으로 하나님께 나아가게 하시옵소서. 성경을 사랑하여 하나님의 말씀을 읊조리게 하시옵소서. 이로써 하나님의 뜻을 준행하게 하시옵소서.
성경을 가까이하여 하나님의 뜻을 인정하게 하시옵소서. 하나님께서 선하다고 여기시는 것을 좋게 여기며 순종하게 하시옵소서.
예수님의 이름으로 기도드립니다. 아멘.

♥

롬 13:14

오직

주 예수 그리스도로

옷 입고

정욕을 위하여

육신의 일을

도모하지 말라.

Calligraphy design by Butnori

45. 정욕을 위하여 육신의 일을

하나님 아버지,
"주 예수 그리스도로 옷 입고"라고 하시니 감사합니다. 바울의 입을 빌려서 "정욕을 위하여 육신의 일을 도모하지 말라."고 하셨습니다. 성도는 하나님의 거룩하심으로 자기를 세워야 한다고 확신합니다.
"자다가 깰 때가 되었으니"(종말의 시간), 곧 육신의 일을 도모하지 말라는 권고라고 깨닫습니다. 매일매일, 한 순간에서 한 순간으로 이어지는 시간에 주님의 다시 오심을 기다리게 하시옵소서.
구원을 받은 성도는 빛의 자녀답게 어두움의 옷을 벗어버리고 빛의 옷을 입어야 한다는 사실, 이것이 우리를 감격스럽게 합니다. 빛의 옷은 무엇입니까? 그것은 주님의 성품으로 옷을 입는 것이지요.
오늘, 그리스도로 옷을 입음에 소망을 갖게 하시옵소서. 조금만 방심을 하거나 부주의하면 죄악의 본성이 꿈틀거려서 정욕을 위하게 하는데 물리치기에 민감하게 하시옵소서.
지금, 세상은 무지와 불신앙과 음란과 강포의 죄악 된 밤이 깊어가고 있습니다. 그러나 밤이 깊을수록 새벽이 가까우니, 주님의 오심을 깨어서 기다리게 하시옵소서. 주님의 재림을 대망하게 하시옵소서.
예수님의 이름으로 기도드립니다. 아멘

♥

출 2:9

바로의 딸이

그에게 이르되

이 아기를 데려다가

나를 위하여 젖을 먹이라

내가 그 삯을 주리라.

Calligraphy design by Butnori

46. 이 아기를 데려다가

하나님 아버지,
'데려다가.' 히브리의 사내 아기를 자신의 양자로 삼은 애굽의 공주를 만나게 하시니 감사합니다. 애굽 왕은 히브리의 사내 아기를 죽이려 하였는데, 공주가 그의 생명을 구원하였다는 사실은 하나님의 섭리인 줄로 믿습니다.
당시에, 애굽의 국법에는 히브리의 사내 아기를 궁중으로 데려올 수 없어서 공주는 유모를 두어 그를 길렀다고 깨닫습니다. 그때, 유모가 된 사람이 바로 아기의 친 엄마였음은 하나님의 역사였지요.
오늘, 죽었어야 될 히브리의 아기, 모세의 생명을 지켜 주신 하나님께 찬양을 드리게 하시옵소서. 하나님의 열심을 깨닫게 하시옵소서. 신부로 지내는 저에게 세상사는 날 동안 지켜주심을 믿습니다.
그러니, 신랑 주님을 기다리는 저에게 세상이나 환경을 두려워하지 않고, 하나님께 소망을 갖게 하시옵소서. 제가 하나님께 소망을 갖지 않으니, 환경이나 조건들에 믿음을 빼앗긴다고 여깁니다.
모세의 구원은 하나님의 기적이라고 받아들입니다. 이제, 하나님께서 원하시면 죽음의 땅에서도 생명은 보호를 받음을 믿게 하시옵소서. 제가 신부로 지내도록 하나님께서 지켜주심을 기대하게 하시옵소서.
예수님의 이름으로 기도드립니다. 아멘.

♥

삼하 22:24

내가 또

그의 앞에

완전하여

스스로 지켜

죄악을 피하였나니.

47. 그의 앞에 완전하여

하나님 아버지,
'그의 앞에 완전하여.' 신부에게 요구되는 첫째는 신랑 주님 앞에서 완전함이라고 깨닫게 하시니 감사합니다. 완전함은 욥이 하나님 앞에서 순전하였다는 그 순전, 곧 마음의 거룩함인 줄로 믿습니다.
사실, 우리는 이제까지 천국에 가게 되었다는 것에 만족하였지 천국 백성이 되기 위해서 자신이 준비해야 될 것에는 생각도 못하였습니다. 천국 백성에 합당한 자세를 가져야 함에 무지했음을 회개합니다.
오늘, 신랑 주님 앞에서 신부로 세워지기 위하여 제가 갖추어야 될 목록을 적게 하시옵소서. 늘 하나님께 요구하는 목록만 드렸을 뿐, 저의 다짐을 약속하는데 부족하였습니다. 용서해 주시옵소서.
신부로 선택해 주셨다는 감격에서 주님께서 요구하시는 신부의 자세를 갖추려고 준비해야 될 것들을 생각하게 하시옵소서. 신랑 주님께서 원하시는 신부가 되려는 준비에 소홀하지 않게 하시옵소서.
- 하나님께서 신실하다 말씀하시도록 저를 지키게 하시옵소서.
- 하나님께서 의롭다 인정하시도록 저를 지키게 하시옵소서.
하나님을 영화롭게 해드리는 신부가 되기를 준비하게 하시옵소서.
예수님의 이름으로 기도드립니다. 아멘.

♥

대하 7:14상

내 이름으로 일컫는

내 백성이

그들의 악한 길에서 떠나

스스로 낮추고 기도하여

내 얼굴을 찾으면.

Calligraphy design by Butnori

48. 악한 길에서 떠나

하나님 아버지,

'내 얼굴을 찾으면.' 사람이 하나님께로 나아가 엎드려야 한다는 것을 가르쳐 주시니 감사합니다. 하나님께로부터 지음을 받은 피조물이라 창조주(하나님)에게로 나와야 하는 줄로 믿습니다.

하나님을 떠나서 자신이 스스로 살아갈 수 있다고 여길 때, 그는 불행에 빠진다고 여깁니다. 피조물은 창조주와의 관계 안에 있을 때 비로소 행복을 누리게 되지요. 하나님 앞에 있기를 원합니다.

오늘, 주님을 신랑으로 사모한다면 하나님을 인정하지 않음에서 떠나게 하시옵소서. 신부로 살아가는 첫 걸음이 하나님이 없이도 살아갈 수 있다는 악함에서 떠나는 것이라 여기게 하시옵소서. 신부로서 완전하기 위하여 하나님의 자비와 긍휼을 구하게 하시옵소서.

하나님 앞에서 자신을 낮추고 기도하게 하시옵소서. 기도를 통해서 자신을 겸손하게 하시옵소서. 그 기도가 회개로 이끌어 주고, 간구하는 시간이 되게 하실 줄로 믿습니다.

사람이 언제 교만해집니까? 기도를 외면하고 지낼 때라고 여깁니다. 기도를 외면했던 삶을 회개하게 하시고, 하나님을 찾게 하시옵소서.

예수님의 이름으로 기도드립니다. 아멘.

♥

대하 30:8하

영원히

거룩하게 하신 전에 들어가서

너희 하나님 여호와를 섬겨

그의 진노가

너희에게서

떠나게 하라.

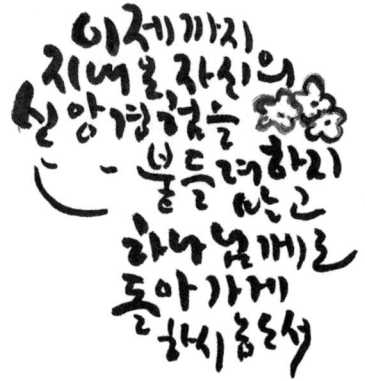

Calligraphy design by Butnori

49. 그의 진노가 떠나게 하라

하나님 아버지,
신부 된 심령에, 하나님과의 동행을 강권해 주시니 감사합니다. 하나님과 함께 할 때, 혹시 하나님께서 진노하셨을지라도 용서하시고, 하나님의 백성으로 영광을 드리게 하실 줄로 믿습니다.
오늘, "그의 진노가 너희에게서 떠나게 하라."는 말씀을 읊조립니다. 그들에게 조상들을 따르지 말고, 하나님께로 돌아가라는 권면에 감격합니다. 그 권면은 하나님의 자비였지요.
신부라 칭함을 받았음에 만족하지 않고, 떨어질까를 주의하게 하시옵소서. 하나님과의 동행이기를 원하는 저에게 하나님의 진노가 떠나게 하라 하심은 은혜의 약속이기를 원합니다.
그러니, 잊지 말아야 될 것은 제가 하나님께로 돌아가 마음을 드릴 때, 저에게 소망의 시작이라는 사실입니다. 하나님께 소망이 있음을 확신하게 하시옵소서. 신랑 주님만을 생각하게 하시옵소서.
이제까지 지내온 자신의 신앙경험을 붙들려 하지 말고, 하나님께로 돌아가게 하시옵소서. 그래서 혹시라도 진노의 대상이 되었어도 용서를 받게 하시옵소서. 진노를 거두시는 자비를 누리게 하시옵소서.
예수님의 이름으로 기도드립니다. 아멘.

♥

시 78:15

광야에서

반석을 쪼개시고

매우 깊은 곳에서

나오는 물처럼

흡족하게 마시게 하셨으며.

Calligraphy design by Butnori

50. 흡족하게 마시게 하셨으며

하나님 아버지,
광야에서의 삶에서 현재의 고달픔을 앞세워서 모세와 하나님을 원망했던 선민을 봅니다. 그럼에도 하나님께서는 자비로 대해 주셨다고 깨닫습니다. 저에게도 변함이 없이 대해 주시는 하나님이시지요.
오늘, 인간의 변덕과 하나님의 자비를 비교하면서 하나님의 자비가 얼마나 크신 지를 확인합니다. 하나님의 자비는 그들에게 두 번이나 광야에서 반석을 쪼개어 나온 물을 마시도록 하셨으니 감격합니다.
신부로 지내기를 결단하는 저에게 삶은 시시각각으로 공격해 옵니다. 신부 된 자의 자리에서 떨어질까를 주의하는데, 삶은 참으로 피곤합니다. 지금, 저를 위하시는 하나님의 자비를 바랍니다.
광야로 가게 되었을 때, 바위에서 물을 내어주실 하나님을 생각하게 하시는 줄로 믿습니다. 광야에서 물을 흡족하게 마시게 하실 하나님을 기다리게 하시옵소서. 반석을 쪼개어 물을 주실 하나님이십니다. 반석을 쪼개어 물을 마시도록 하실 이가 누구입니까? 바로 하나님이십니다. 누가 저에게 광야에서 물을 주시되, 흡족하게 주겠다고 약속합니까? 하나님께서 물을 마시게 하심을 확신하게 하시옵소서.
예수님의 이름으로 기도드립니다. 아멘

시 90:14

아침에

주의 인자하심이

우리를 만족하게 하사

우리를 일생 동안

즐겁고 기쁘게 하소서.

Calligraphy design by Butnori

51. 우리를 만족하게 하사

하나님 아버지,
하나님의 인자하심은 인생에게 복이라는 것을 알려 주시니 감사합니다. 고난의 밤이 지나가고 은총의 새 아침을 주시는 하나님이시지요. 오늘, 자신의 죄악으로 하나님의 진노 중에 있을지라도 낙심하지 않고 기도해야 된다는 것을 깨닫습니다. 하나님의 자비하심, 곧 은총을 구하는 것이 옳은 태도라고 배웁니다. 저의 죄가 하나님의 진노를 불러올지라도 은총의 새 아침이 오기를 기도하게 하시옵소서.
진노로 인해서 고통과 슬픔 속에서 살아가고 있어도, 인자하심을 구할 때 만족하게 하시는 하나님이십니다. 일생 동안 즐겁고 기쁘게 하시는 하나님이십니다.
하나님의 자비하심에 인생에게 소망이 있음을 확신합니다. 그러니, 기도하게 하시옵소서. 하나님의 자비를 구하면서 기도할 때, 응답하실 시간이 되면 인자하심을 베풀어 주실 것입니다.
저에게 인자하신 하나님을 사랑합니다. 저의 심령을 하나님의 자비하심으로 채워주실 하나님을 사랑합니다. 진노 아래에 놓여있어도 "일생 동안 즐겁고 기쁘게" 해 주심을 믿고 기도하게 하시옵소서.
예수님의 이름으로 기도드립니다. 아멘

♥

잠 21:29

악인은

자기의 얼굴을

굳게 하나

정직한 자는

자기의 행위를

삼가느니라.

52. 자기의 행위를 삼가

하나님 아버지,
"악인은 자기의 얼굴을 굳게 하나." 경고해 주시니 감사합니다. 악인 = '하나님을 경외하지 않는'이라고 깨닫습니다. 얼굴은 자신의 마음과 인격을 표현하는데 얼굴을 굳게 한다고 했으니, 얼마나 뻔뻔한 것인지요. 하나님을 경외하지 않으면 자기중심적이 되는 줄로 믿습니다.
이에, 악인을 언급하면서 정직한 자(의인)가 되라고 권면을 했다고 여깁니다. 정직한 = '자기의 행위를 삼가는 것'이라고 깨닫습니다. 하나님을 경외하며, 그의 말씀을 따르려는 것인 줄로 믿습니다.
오늘, 사람이 하나님 앞에서 서야 한다고 확신합니다. 이렇게 지냄이 하나님의 뜻인 줄로 확신합니다. 그때, 자신의 행실이나 삶이 바르게 되고, 인생이 견고하게 된다고 깨닫습니다.
그러니 제가 따로 입술을 벌려 복된 인생이 되기를 부르짖지 않아도, 하나님의 지켜주심을 경험하게 되는 줄로 확신합니다. 성령님께 저의 인생을 드립니다. 정직한 자의 길을 가도록 해주시옵소서.
정직한 자의 길에서 하나님께서 주신 복을 누리게 하시니 감사합니다. 삶의 시간에 하나님의 뜻을 이루어드림이 되게 하시옵소서.
예수님의 이름으로 기도드립니다. 아멘.

♥

사 26:4

너희는

여호와를

영원히 신뢰하라

주 여호와는

영원한 반석이심이로다.

Calligraphy design by Butnori

53. 여호와를 영원히 신뢰하라

하나님 아버지,
하나님의 품에 안겨서 지내도록 강권해 주시니 감사합니다. 하나님께서는 자신의 품에 안긴 사람을 사랑하시며, 귀하게 여기셔서 평강을 누리도록 하시는 줄로 믿습니다.
오늘, "너희는 여호와를 영원히 신뢰하라."는 말씀을 읊조립니다. 당시에, 유다 백성의 신뢰는 누구였겠습니까? 하나님은 자기 백성에게 영원한 반석이시라는 선포에 감격합니다.
오, 저에게 영원한 반석에 누워서 쉬게 하시옵소서. 여호와를 신뢰하여 평화를 누리게 하시옵소서. 아비가 자식에게 줄 수 있는 최고의 행복은 평안이라고 깨닫습니다. 여호와를 신뢰하되 영원히 신뢰하여 저에게 평안이 영원하게 하시옵소서.
여호와를 신뢰함에서 옳은 길을 걷게 하시옵소서. 그 길에 있는 반석을 즐거워하게 하시옵소서. 하나님께서 영원한 보호자와 피난처가 되심을 누리게 하시옵소서. 요동치는 세상에서 숨겨지게 하시옵소서.
제가 그 반석에 있을 때 흔들 자가 없음을 믿습니다. 그 반석에서 요동함이 없을 줄로 믿습니다. 반석의 하나님께 찬양을 드립니다.
예수님의 이름으로 기도드립니다. 아멘.

♥

렘 4:4상

유다인과

예루살렘 주민들아

너희는 스스로

할례를 행하여

너희 마음 가죽을 베고

나 여호와께 속하라.

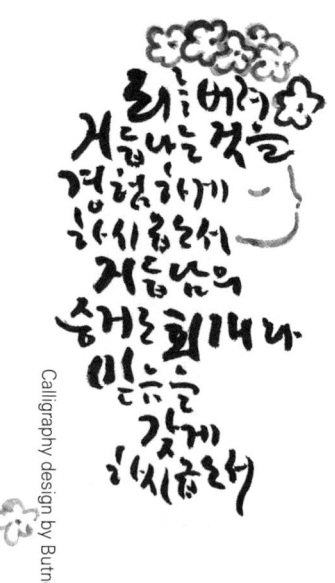

54. 스스로 할례를 행하여

하나님 아버지,
심령이 죄에 물들어 있음에 회개하도록 강권해 주시니 감사합니다. 하나님께서는 심령이 죄악에 오염되지 않고, 여호와를 향한 사람을 사용하셔서, 하나님을 영화롭게 해드리게 하시는 줄로 믿습니다.
오늘, 예레미야에게 하나님의 영이 임하여 유다인과 예루살렘 주민에게 전해주신, "너희 마음 가죽을 베고 나 여호와께 속하라."는 말씀을 읊조립니다. 죄악으로 길들여진 마음에 할례를 받아 죄를 버리고 하나님께 속하라고 하시는 말씀에 감격합니다.
그들이 받아야 될 마음의 할례는 무엇이었습니까? 죄를 버려 거듭나는 것을 경험하게 하시옵소서. 거듭남의 증거로 회개와 믿음을 갖게 하시옵소서. 죄악을 회개하고, 새 삶을 시작하게 하시옵소서.
할례는 여호와의 백성임을 나타내는 표시였다고 믿습니다. 제가 예수님을 주님으로 믿는다 해도, 저의 심령이 이방인으로 남아 있는 한 여전히 구원의 밖에 머무를 것입니다.
그러니, 형식적인 할례가 아니라 '마음 가죽'을 베어내게 하시옵소서. 죄악에서 떠나 저의 심령을 여호와께로 속하게 하시옵소서.
예수님의 이름으로 기도드립니다. 아멘.

렘 7:3하

너희 길과

행위를 바르게 하라

그리하면

내가 너희로

이 곳에 살게 하리라.

Calligraphy design by Butnori

55. 내가 너희로 이 곳에 살게

하나님 아버지,
하나님의 백성으로서 어긋나지 않도록 강권해 주시니 감사합니다.
하나님께서는 생각하는 것이나 행실이 바른 사람을 사용하셔서, 이 땅에서 하나님의 섭리를 이루어 가시는 줄로 믿습니다. 이에, 순전해야 될 것을 결단해야 한다고 깨닫습니다.
"내가 너희로 이 곳에 살게 하리라."는 말씀을 읊조립니다. 그들이 "너희 길과 행위를 바르게" 하면 하나님께서 함께 해주시겠다는 언약이었지요. 하나님을 거절하던 그들에게 주신 언약에 감격합니다.
하나님께서 원하시는 것에 우선되기를 원하는 저에게 예레미야의 선포는 생명의 약속이기를 원합니다. 교만과 어리석음이 저에게도 있음을 고백합니다. 하나님의 일에 열심을 내어 지냈으므로 구원이 보장된 것처럼 여겼음을 용서해 주시옵소서.
저의 행실을 돌아보게 하시옵소서. 하나님께서 요구하신 것이 아닌 것에서는 속히 떠나게 하시옵소서. 혹시라도 저의 마음을 기쁘게 하려던 것이 있다면 거절하게 하시옵소서. 엄청난 돈을 지불했더라도!
하나님 앞에서 반듯하게 지냄을 첫째 간구로 삼게 하시옵소서.
예수님의 이름으로 기도드립니다. 아멘.

렘 33:14

여호와의 말씀이니라
보라 내가 이스라엘 집과
유다 집에 대하여
일러 준 선한 말을
성취할 날이 이르리라.

Calligraphy design by Butnori

56. 선한 말을 성취할 날이

하나님 아버지,

'선한 말을 성취할 날이 이르리라.' 이스라엘 나라의 회복과 포로들의 귀환에 대한 약속이라고 깨닫습니다. 선민을 위하여 언약을 하시고, 성취하시니 하나님은 약속의 신이시라는 것을 확신하게 하십니다.

오늘, 자기 백성, 이스라엘에게 약속을 지키시는 하나님을 저의 하나님으로 경외하니, 저에게도 신실하심을 믿습니다. 언약의 하나님께서 주신 말씀을 순종함에서,

- 아브라함과 그의 후손에게 땅을 주시겠다고 하신 약속,
- "선한 일이 하나도 남음이 없이 다 응하였더라."고 하였습니다.

언약의 하나님께서 저에게도 약속을 주신 줄로 믿습니다. 죄와 멸망에서 구원을 받고, 하나님께 친 백성이 되어 지내도록 해 주시겠다고 하셨습니다. 그리고 그 약속을 예수님의 십자가로 이루어, 지금 의롭다 인정해 주셨습니다. 남은 건 하나, 재림하시는 주님께 신부로 만나는 것입니다.

제가 놓치고 있었던 삶, 언약을 기다림에 집중하게 하시니 감사합니다. 이제, 하나님의 언약으로 지내게 하시옵소서. 그 약속을 저의 마음에 기록하게 하시옵소서. 영생하도록 하신 약속까지 기다리게 하시옵소서.

예수님의 이름으로 기도드립니다. 아멘

♥

마 7:21

나더러

주여 주여 하는 자마다

다 천국에 들어갈 것이 아니요

다만 하늘에 계신

내 아버지의 뜻대로

행하는 자라야 들어가리라.

57. 내 아버지의 뜻대로 행하는

하나님 아버지,
"내 아버지의 뜻대로 행하는." 행함을 깨닫게 하시니 감사합니다. 행하는 = '천국에 들어갈' 사람이라고 깨닫습니다. 하나님의 뜻은 예수님을 믿어서 영생에 이르는 것인 줄로 믿습니다.(요 6:40) 신부 된 자가 사모하는 영생은 예수님을 주님으로 믿음이라고 여깁니다.
주님을 향해서 '주여 주여' 하지 않고, 하나님의 뜻을 구하기를 원합니다. 하나님의 뜻대로 행하는 데서 자신이 구원을 얻었음도 확신하게 된다고 여깁니다. 입을 크게 하여 주님을 부르기보다 하나님의 뜻이 무엇인지를 찾아내어 실천해야 한다고 여깁니다.
오늘, 저에게 천국 백성이 되었는지, 않은지를 확인하게 하시니 감사합니다. 천국백성이 어떠하다는 것을 알기만 하는데 그치고 있지는 않은지요? 혹시라도 하나님께 '거북한' 백성이 되어 있습니까?
간절히 원하니 이 시간에, 성령님을 초청합니다. 저에게 충만해 주시옵소서. 이제 저는 생각과 감정이나 이제까지의 경험으로 하나님의 자녀가 되었다고 주장하지 않기를 원합니다. 오직 성령님께 붙들려지게 하시옵소서. 주님을 하나님의 아들로 믿어 지내게 하시옵소서.
예수님의 이름으로 기도드립니다. 아멘.

♥

신 6:18

여호와께서 보시기에
정직하고
선량한 일을 행하라
그리하면
네가 복을 받고.

Calligraphy design by Butnori

58. 정직하고 선량한 일을

하나님 아버지,
'여호와께서 보시기에.' 하나님을 바라는 중에, 삶이 복락으로 넘치는 것을 확인하게 하셨음에 감사드립니다. 만일, 주님의 보혈의 은혜가 아니면, 사람들로부터 실망할 수밖에 없음을 알게 하시옵소서.
그러나 저의 삶의 뒤에서는 여전히 세상과 벗이 되어 있음을 고백합니다. 용서해 주시옵소서. 막연한 두려움이 저를 가두고 있습니다.
저에게 주님의 것을 우선순위에 두는 삶을 살게 해주시옵소서. 하나님의 말씀을 하나님의 말씀으로 인정하고, 그 권위에 합당한 영광을 나타내게 하시옵소서. 하늘로부터 내려오는 성령님의 충만하신 은혜를 소중히 하고, 그 풍성함으로 지내게 하시옵소서.
신부로 지내라고 구별해 주셨으니, 저 스스로를 축복합니다. 저의 생각과 행동을 다스려 주시옵소서. 자신에게 있는 모든 것이 하나님으로부터 왔음을 인정하고, 기쁘게 드림을 경험하게 하시옵소서.
주님만을 사모하며 지내기를 원하는데, 사람으로서는 어찌 해볼 도리가 없는 문제에 갇혀 있습니다. 이제, 간절히 빌기는 매일의 삶에서 하나님의 인도하심을 경험하기를 원합니다.
예수님의 이름으로 기도드립니다. 아멘.

♥

수 10:19상

너희는 지체하지 말고

너희 대적의 뒤를 따라가

그 후군을 쳐서

그들이 자기들의 성읍에

들어가지 못하게 하라.

Calligraphy design by Butnori

59. 너희 대적의 뒤를 따라가

하나님 아버지,
하나님의 손에 붙들려진 사람이 되도록 강권해 주시니 감사합니다.
하나님께서는 게을러서 자신이 해야 될 것에 부지런하지 않는 사람은 거룩한 일에 쓰시지 않으시는 줄로 믿습니다.
스스로에게 지체하지 말 것을 결단해야 한다고 깨닫습니다. "너희 대적의 뒤를 따라가 그 후군을 쳐서"라는 말씀을 읊조립니다. 지체하지 않고 적군의 뒤를 계속 추격, 진멸하도록 재촉한 명령에 감격합니다. 적군의 세력 규합을 봉쇄함이었지요.
이 땅에서 거룩하게 살아가는 것은 마귀의 역사를 무찌름이니 십자가의 군사가 되어야 할 줄로 믿습니다. 신랑 주님을 기다리는 삶이 영적 전투라고 깨달을 때, 지체하지 않도록 하시옵소서.
개인적으로 기도하는 시간은 마귀의 궤계에 대적하는 것이라고 확신합니다. 신부된 자의 삶에 충성하도록 열심을 내게 하시옵소서. 저의 삶이 곧 하나님의 뜻을 성취함이 되어 마귀가 쫓기게 하시옵소서.
사탄이 도시를 점령하고, 사람들의 심령을 유혹하지 못하도록 거룩함에 헌신되기를 원합니다. 사탄을 대적하게 하시옵소서.
예수님의 이름으로 기도드립니다. 아멘.

♥

벧전 5:8

너희 대적의 뒤를

따라가

너희 대적 마귀가

우는 사자 같이

두루 다니며 삼킬 자를

찾나니.

Calligraphy design by Butnori

60. 너희 대적 마귀가

하나님 아버지,
'너희 대적 마귀.' 실제로 존재하는 영으로서 마귀가 하나님의 교회를 대적하고 있음을 알게 하시니 감사합니다. 마귀는 신랑 예수를 기다림을 방해하고, 성도를 죽이며 멸망시키는 줄로 깨닫습니다.
마귀가 우는 사자 같이 두루 다니며 삼킬 자를 찾으니,
- 고난을 당하게 될 때, 마귀가 대적하는 틈이 되지 않게 하시옵소서.
- 오래 참지 못해서 마귀에게 대적하는 틈을 주지 않게 하시옵소서.
오늘, 저를 불쌍히 여기셔서 마귀에게 삼킴이 되지 않게 하시옵소서.
저의 불성실함으로 마귀에게 공격할 대상이 되지 않게 하시옵소서.
스스로 불신앙에 떨어지지 않도록 하나님께 충성하게 하시옵소서.
하나님의 은혜가 둘러쳐질 때, 마귀가 저를 보지 않을 것입니다. 깨어서 믿음을 굳게 하고, 신랑을 기다리는 신부로 지내게 하시옵소서.
주님을 신랑으로 삼아 오늘도 저의 사랑과 충절을 다 드리게 하시옵소서. 저의 마음과 생각을 주님께로 고정할 때, 마귀에게 틈이 되지 않을 줄로 믿습니다. 제가 주님을 사랑하는 마음이 식어 마귀에게 삼킴이 되지 않도록 스스로 무장하게 하시옵소서.
예수님의 이름으로 기도드립니다. 아멘.

♥

마 24:36

그러나
그 날과 그 때는
아무도 모르나니
하늘의 천사들도,
아들도 모르고
오직 아버지만 아시느니라.

Calligraphy design by Butnori

61. 그 날과 그 때는

하나님 아버지,
'그 날과 그 때는.' 주님의 다시 오심을 시간으로 알려 주시니 감사합니다. 주님의 다시 오심은 틀림이 없이 오고야 말 것이니 기다리게 하시옵소서. 주님의 오심을 기대하지 않는다고 오실 주님이 오시지 않으시는 것이 아님을 확신하게 하시옵소서.
오늘, 주님의 다시 오심에서 저를 돌아봅니다. 제가 이제껏 살아오면서 누구를 기다려 보았습니까? 저 자신의 욕망을 이룸을 기다리는데 그쳤음을 용서해 주시옵소서. 저에게 기다림의 대상을 주셨음에 감사합니다. 주님의 재림을 통해서 참 신앙의 삶을 새롭게 하시옵소서. 주님의 재림은 주님을 기다리지 않고, 자신의 즐거움에 만족하는 자들에게 무서운 징벌이 될 겁니다. 주님의 오심을 기다려 깨어있게 하시옵소서. '기다림'을 감격스럽게 여기며 지내게 하시옵소서.
주님께서 다시 오시는 때를 모르는 것이 은혜라 여깁니다. 만일, 그 시각을 안다면 저의 만족이나 저의 즐거움을 위하여 지내다가 주님께서 오신다는 시각에 기다림의 흉내를 내고 말 겁니다. 그 날과 그 때에 주목하는 기다림에서 구원에 이름을 완성하게 하시옵소서.
예수님의 이름으로 기도드립니다. 아멘.

♥

막 13:26

그 때에

인자가 구름을 타고

큰 권능과

영광으로 오는 것을

사람들이 보리라.

Calligraphy design by Butnori

62. 큰 권능과 영광으로

하나님 아버지,
'인자가, 오는 것을.' 예수님께서 재림을 예언하시면서 자신이 인자라고 하시니 감사합니다. 주님은 인자라는 표현으로 자신이 메시야 곧 약속된 하나님의 아들이심을 확신시켜 주신 줄로 믿습니다.
주님께서 인자라는 표현을 쓰시면서 자기를 메시야라고 하신 것은 심판 권세를 갖고, 재림하실 주님께 합당한 명칭이라고 여깁니다.
오늘, 초림으로 오셨던 주님은 자기의 몸을 맡길 곳이 없으셨으나 재림으로 오시는 주님은 왕권을 가지신 것을 확신하게 하시옵소서.
주님의 초림은 비천한 종, 고난의 종의 모습으로 오신 사건이었다고 여깁니다. 그러나 다시 오시는 주님, 그의 재림은 큰 권능과 영광의 주님으로 오심이시니 감격스럽습니다.
이에, 다시 오실 주님은 심판의 주이심을 믿게 하시옵소서. 주님께서 오시는 목적은 세상의 심판에 있음을 깨닫습니다.
신랑으로 오시는 주님은 세상의 권세를 다스릴 것이라고 여깁니다. 큰 권능과 영광으로 오신다고 하셨으니 기다림에 감격하게 하시옵소서. 인자의 다시 오심을 영광스런 사건으로 깨닫게 하시옵소서.
예수님의 이름으로 기도드립니다. 아멘.

♥

행 1:11상

너희 가운데서

하늘로 올려지신

이 예수는

하늘로 가심을

본 그대로 오시리라

하였느니라.

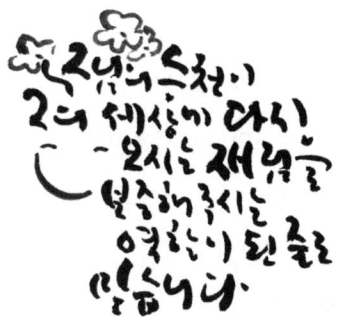

Calligraphy design by Butnori

63. 가심을 본 그대로

하나님 아버지,
'그대로 오시리라.' 하늘로 올라가신 승천의 사실을 주님의 재림을 약속해 주심으로 깨닫게 하시니 감사합니다. 주님의 승천이 그의 세상에 다시 오시는 재림을 보증해 주시는 역할이 된 줄로 믿습니다.
신랑 예수를 기다리는 신부(성도)에게 승천하셨던 그대로 오신다는 확신을 주셨다고 깨닫습니다. 감람산으로 재림하신다니 감격스럽습니다. 이 약속은 주님의 재림을 믿음에 확신을 주셨다고 여깁니다.
오늘, 주님께서 하늘로 오르셨던 곳을 기억하게 하시옵소서. 그리고 주님께서 재림하실 때, 감람산으로 오심을 기다리게 하시옵소서. 이로써 주님의 재림이 역사적인 사실로 확신하게 하시옵소서.
제자들이 보는데서 주님이 승천하셨던 것처럼, 주님의 다시 오심도 많은 사람들이 보는데서 이루어질 것임을 기다리게 하시옵소서. 당시에, 제자들이 하늘을 쳐다보고 있을 때, 천사들이 나타났듯이, 주님께서 오실 때, 역시 천사들도 나타날 것이라 감격스럽습니다.
그러니, 벅찬 가슴으로 주님을 기다리는 신부가 되게 하시옵소서. 그날, 하늘에서 오시는 주님을 뵈올 것을 기다리게 하시옵소서.
예수님의 이름으로 기도드립니다. 아멘.

♥

살전 2:19

우리의

소망이나 기쁨이나

자랑의 면류관이 무엇이냐

그가 강림하실 때

우리 주 예수 앞에

너희가 아니냐.

Calligraphy design by Butnori

64. 그가 강림하실 때

하나님 아버지,
'너희가 아니냐.' 주님께서 재림하셨을 때, 영광의 주인공은 주님의 오심을 기다리는 성도라고 깨우쳐 주시니 감사합니다. 성도(교회)를 하나님 앞에서 영광스럽게 하시려고 재림하시는 줄로 믿습니다.
- 소망 : 성도에게 싹튼 신앙이 성숙하게 자랄 것이라는 기대감
- 기쁨 : 성도가 지니고 있는 믿음의 진정성(眞正性)
- 자랑 : 주님 앞에서 성도가 전도사역의 열매로 나타날 것이라는 확신
오늘, 하나님 앞에서 영광스럽게 하시옵소서. 제가 하나님의 교회에 소망이 되기를 원합니다. 또한 다시 오시는 주님께 기쁨을 드림이 되게 하시옵소서. 그리고 저를 자랑의 면류관으로 삼아 주시옵소서.
바라옵기는 주님께서 세상에 다시 오셨을 때, 전도자들의 수고, 복음 사역자들의 열매로 보여 지게 하시옵소서. 그들의 수고로 주님을 신랑으로 선택하여 혼인 기약을 기다리게 하셨습니다. 그러니 제가 주님을 신랑으로 맞아들이는 혼인잔치에 그들의 수고를 아름답게 하시옵소서.
신랑이 오는 날, 주님은 왕 중의 왕, 심판의 주님으로 세상에 자기를 나타내실 겁니다. 그때, 교회는 종들에게 기쁨이 되게 하시옵소서.
예수님의 이름으로 기도드립니다. 아멘.

♥

히 10:37

잠시

잠깐 후면

오실 이가 오시리니

지체하지

아니하시리라.

Calligraphy design by Butnori

65. 오실 이가 오시리니

하나님 아버지,
'잠시 잠깐 후면.' 주님의 재림을 사모하는 심령에 위로의 말씀으로 격려해 주시니 감사합니다. 주님의 다시 오심에는 늦어지는 것이 없다 하시니 크게 감격을 받습니다. 주님은 곧 오십니다. 할렐루야!
신랑을 기다린다는 이유로 세상은 고통을 줄지라도 이제, 곧 주님께서 오신다는 약속에 힘을 받습니다. 나의 사랑이신 주님께서 오시면 악인에게는 심판을 하시고, 의인에게는 보상을 하시리라!
오늘, "오실 이가 오시리니"라는 말씀으로 고난의 시간을 지내게 하시옵소서. 스스로 다시 오시겠다고 약속을 하신 주님이 오신다는 말씀을 붙잡게 하시옵소서. 신랑을 기다리는 신부는 아름답습니다.
주님께서 오시되, 지체하지 않으시고 속히 오실 것이니 고난과 핍박의 수난 속에서도 인내하게 하시옵소서. 신랑이신 주님 앞에서 정결하고 아름다운 모습을 드려야 할 줄로 확신합니다.
그러니, 저에게도 사도와 같이 외치게 하시옵소서. "오직 나의 의인은 믿음으로 말미암아 살리라." 주님께 의인이라 인정을 받으면서 위협하는 고난과 박해에 담대하게 맞서게 하시옵소서.
예수님의 이름으로 기도드립니다. 아멘.

♥

약 5:8

너희도

길이 참고

마음을 굳건하게 하라

주의 강림이

가까우니라.

Calligraphy design by Butnori

66. 주의 강림이 가까우니라

하나님 아버지,
'굳건하게 하라.' 주님의 다시 오심을 기다리는 힘은 마음을 굳건함이라고 알려 주시니 감사합니다. 선민이 아말렉과 한판 겨룰 때, 아론과 훌이 모세의 손을 받쳐 주고 지지했던 것을 기억합니다.
신랑과의 혼인 기약을 기다리는 신부는 길이 참고 마음을 굳게 해야 될 줄로 믿습니다. 그녀(성도)는 신랑을 기다림에서 오는 핍박에서 인내하고, 흔들리지 않는 확신으로 버티어야 한다고 여깁니다.
오늘, 신부단장을 원하는 저에게 인내하게 하시옵소서. 신랑 예수를 기다리는 인내 후에 영광스러운 혼인잔치를 볼 것이라 확신합니다.
사실, 저에게 주님을 기다림이 없다면 무엇으로 이 세상을 이겨내겠습니까? 공중권세를 잡은 자에게 휘둘리고 있는 세상에서 말입니다.
혼인 기약이 곧 이를 것이니 담대하게 하시옵소서. 사도가 들려 준 복음의 소리, "주의 강림이 가까우니라."는 말씀을 가슴에 담게 하시옵소서. 주님께서 오실 때, 심판주로 오시리라!
지금, 핍박을 받는 해도, 주의 강림이 가까우니 이 고난은 잠시일 것입니다. 그날에, 저의 구원이 완성되는 영광을 취하게 하시옵소서.
예수님의 이름으로 기도드립니다. 아멘.

♥

계 22:20

이것들을

증언하신 이가 이르시되

내가 진실로 속히 오리라

하시거늘

아멘 주 예수여

오시옵소서.

67. 내가 진실로 속히 오리라

하나님 아버지,
'속히 오리라.' 주님의 오심에 대하여 선언해 주시니 감사합니다. 속히 오리라 하셨으니, 주님의 오심에 아멘으로 응답해야 할 줄로 믿습니다. 이 응답은 지금까지 주님의 오심을 기다렸다는 증거이지요.
속히 오겠다는 말을 누가했습니까? 주님이시지요. 혼인 기약을 기다리는 그의 신부(성도)에게 위로의 말씀이라고 확신합니다.
오늘, 속히 오신다는 말씀에서 격려를 받게 하시옵소서. 이로써,
- 주님께서 다시 오시겠다고 하신 말씀들에 대한 확증을 받으며
- 고난과 핍박에서 인내하는 성도(신부)에게 위로가 되게 하시옵소서.
다시 오신다는 말씀, 주님의 재림을 기다리는데 방해를 하는 모진 핍박과 박해 앞에서 위로를 주는 음성으로 받게 하시옵소서. 오직 주님을 기다리는 저에게 이보다 단 음성이 어디에 있습니까?
사도가 응답하였던, "아멘 주 예수여 오시옵소서."를 저의 응답으로 드리게 하시옵소서. 이제부터, 저의 입술에 이 응답을 담아 순간마다 반복하게 하시고, 신랑을 맞이하는 그때까지 찬양으로 드리게 하시옵소서. "아멘 주 예수여 오시옵소서."
예수님의 이름으로 기도드립니다. 아멘.

♥

계 19:7

우리가

즐거워하고

크게 기뻐하며

그에게 영광을 돌리세

어린 양의 혼인 기약이

이르렀고.

Calligraphy design by Butnori

68. 어린 양의 혼인 기약이

하나님 아버지,
'혼인 기약이 이르렀고.' 주님과의 혼인이 먼 후일에 있을 일이 아님에 감사합니다. 지금은 약혼의 관계에 있으면서 저와 함께 하시고, 다스려 주시는 주님의 은총을 즐거워하게 하신 줄로 믿습니다.
신랑이 되신 주님과의 약혼의 시간을 즐거워하고, 기뻐하며, 하나님께 영광을 돌려야 함을 깨닫습니다. 주님은 저에게 즐거움, 기쁨 그리고 영광이 되십니다. 혼인 기약을 기다리며 지내게 하시옵소서.
오늘, 주님께서 자신의 피로 교회를 구속하셨음을 노래하게 하시옵소서. 그 피로 죄와 죽음에서 구속해 주셨고, 신부로 삼아주셨음을 노래하게 하시옵소서. 주님을 노래하는 신부로 지내게 하시옵소서.
- 저의 노래는 많은 물소리와 같기를 원합니다.
- 저의 노래가 큰 뇌성이 되어 찬양이기를 원합니다.
혼인 기약이 가까웠으니, 이전의 신실에 더욱 주의하게 하시옵소서.
주님과의 혼인은 오직, 한 번, 기회를 놓치지 않게 하시옵소서.
주님께서 원하시는 신부의 몸가짐을 준비하게 하시옵소서. 신부가 신랑에게 바치는 정결과 충성, 신실함으로 준비되게 하시옵소서.
예수님의 이름으로 기도드립니다. 아멘.

♥

계 21:2하

새 예루살렘이

하나님께로부터

하늘에서 내려오니

그 준비한 것이

신부가 남편을 위하여

단장한 것 같더라.

Calligraphy design by Butnori

69. 신부가 남편을 위하여

하나님 아버지,
'새 예루살렘.' 요한에게 새 예루살렘을 보게 하시니 감사합니다. 그가 본 새 예루살렘은 새롭고 온전하게 된 하나님의 교회인 줄로 믿습니다. 이 교회는 신부가 남편을 위해서 단장했다고 하였지요.
오늘, 신랑을 맞이하는 신부(성도)에게,
- 하나님께로부터 말미암은 지혜와 거룩함으로 꾸미게 하시옵소서.
- 영광중에 계신 주님을 맞이하기에 부끄러움이 없게 하시옵소서.
제가 어떻게 지내왔는지를 아시지요? 주님 앞에서 신부라는 것을 알지 못하였을 때는 세상이 주는 것으로 만족할까 하였습니다. 하나님께서 저를 복되게 하심의 기준을 세상에서 구하려고 하였습니다.
용서해 주시옵소서. 이제부터는 땅에서 살아가는 저의 시간을 주님을 맞이함으로 삼게 하시옵소서. 혼인 기약을 앞두고 있으니 신랑을 영화롭게 해드리는 신부로 자신을 준비하게 하시옵소서.
주님께서 저에게 신랑이 되셨다는 사실을 영광으로 삼게 하시옵소서. 주님께서 신랑이 되셔서 저와 함께 하신다는 것은 놀라움인 줄로 믿습니다. 주님을 위하여 영생의 소망으로 단장하게 하시옵소서.
예수님의 이름으로 기도드립니다. 아멘.

♥

사 54:5상

이는 너를 지으신 이가

네 남편이시라

그의 이름은

만군의 여호와이시며

네 구속자는

이스라엘의 거룩한 이시라.

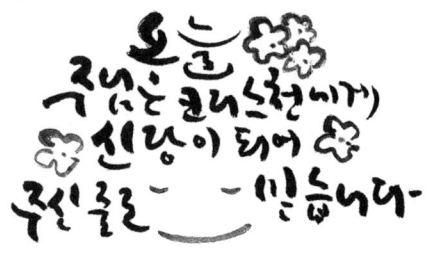

Calligraphy design by Butnori

70. 너를 지으신 이가

하나님 아버지,
"너를 지으신 이가 네 남편이시라."는 말씀으로 하나님이 선민에게 남편이라고 하신 줄로 믿습니다. 남편이라 하심은 하나님께서 선민을 영광스럽게 해주시겠다는 예언이라고 여깁니다.
여인은 결혼을 통해서 남편으로 말미암은 영광을 갖게 되는 줄로 깨닫습니다. 아내의 영광이 남편이지요. 선민을 구속해주신 하나님은 그들을 거룩하게 하신다고 약속하셨다고 확신합니다.
오늘, 주님은 크리스천에게 신랑이 되어 주신 줄로 믿습니다. 이에, 크리스천은 주님의 능력을 갖게 될 것이며, 그 능력으로 죄악을 이기고 살아가고 있다고 확신합니다. 그 능력이 세상을 이기게 하시며 혼인잔치를 기다리게 하심이 감격스럽습니다. 그러니,
- 사람을 지으실 때처럼, 제가 주님의 신부라는 사실에 감격합니다.
- 주님께서 아름답게 여기시는 신부로 단장해 나가겠습니다.
오직 신랑을 맞는 신부가 되게 하시옵소서. 혼인잔치를 기다리는 신부가 되어 신랑 예수님을 맞이할 단장에 부지런하게 하시옵소서. 하나님께서 저를 기뻐하시는 오늘로 지내게 하시옵소서.
예수님의 이름으로 기도드립니다. 아멘.

함께 '지금은 신부단장 읽는기도 70일'에 참여하신 분들

강경옥	김　미	김주화	박태일	오소희	이응준	정현숙	한광락
강　미	김미순	김진경	박헌주	오중섭	이재선	조광래	한명순
강순옥	김복순	김창실	배후주	유래상	이재호	조성윤	한성옥
강철환	김삼용	김해성	백기호	유정무	이재훈	조용채	한연순
강형완	김성옥	김혜경	백병국	윤동열	이종림	조정숙	한　영
고경자	김숙자	김희라	백　설	윤민자	임금옥	조정순	한태근
고삼규	김연재	노승칠	백에녹	윤여병	임번유	조정희	허달원
곽영구	김연화	류규남	서명자	이경자	임병만	주금식	허병주
곽종안	김영석	문병태	서성옥	이경호	임성철	천성옥	허남길
권석근	김영수	박경옥	서재열	이규동	임요한	최도경	홍사안
권선희	김영임	박남주	석은주	이돈성	장백희	최미경	홍성재
권영우	김옥주	박성수	송용운	이동필	장석현	최미지	
권오균	김용연	박신해	신미정	이수연	정병근	최상주	
권종옥	김정민	박영균	신수균	이수영	정성애	최성윤	
김광수	김정원	박영미	안춘규	이우용	정승원	최정은	
김남희	김종보	박은혜	양미자	이영란	정영소	최재순	
김동식	김종일	박정익	염미정	이은문	정현미	하창원	

지금은 신부단장 읽는기도 70일

1판 인쇄일_ 2025년 10월 20일
1쇄 발행일_ 2025년 10월 27일

지은이_ 한치호
펴낸이_ 한치호
펴낸곳_ 종려가지
등록_ 제311 - 2014000013호(2014.3.21.)
주소_ 서울특별시 은평구 은평로14길 9 - 5
전화_ 02)359.9657
디자인 내지_구본일 / 디자인 표지_이순옥
제작대행_세줄기획(02.2265.3749)
영업(총판) 일오삼 전화_ 02. 964.6993 팩스 2208.0153

ⓒ2025, 한치호

값 8,000원

ISBN 979-11-992100-5-9

문서사역에 대한 질문은 모바일 010. 3738. 5307로 해주십시오.